I0698311

# Ce n'était pas mon choix

Ce livre est publié sur www.amazon.fr

Couverture : © Image par Sasin Tipchai de Pixabay, 2020
© Roselyne Mouchel, 2022

**Code ISBN :** 9798438968313

**Marque éditoriale :** Independently published

# Roselyne Mouchel

# Ce n'était pas mon choix

Roman

Du même auteur :

Le jour où tu es parti ; 2017
Dis-moi qui tu es ; 2018
Les bonheurs de Sophie ; 2018
Les yeux de ton âme ; 2018
Bouquets de mots ; 2019
La Bulle Sensorielle ; 2019
The Sensory Bubble (version anglaise) ; 2019
Obscurité mon amie ; 2019
Quand Sainte-Nitouche rencontre Sainte-Rebelle ; 2020
Ne ferme pas les yeux, je suis là ; 2021

À toi, mon ami Francis…

*Pardonner, c'est lever la culpabilité de l'autre et
introduire la paix en soi.*
*Damien Berrard*

# Prologue

*Si j'ai bien toute ma mémoire,*

*disait Dieu dans un coin du ciel*
*J'avais commencé une histoire*
*sur une planète nouvelle et toute bleue*
*Bleue, pour ne pas qu'on la confonde*
*Je vais aller m'asseoir*
*sur le rebord du monde*
*Voir ce que les hommes en ont fait*
**Assis sur le rebord du monde ;**
**Francis Cabrel**

**Lundi 20 août 1990**

Je m'appelle Virginie Valmi, j'ai dix-sept ans et demi et je viens d'obtenir mon Bac C avec la mention très bien. Normalement, je devrais être heureuse ; pourtant je suis désespérée…

Dans la voiture qui me mène vers nulle part, en cette belle matinée baignée par la lumière du soleil, je me réfugie dans ma bulle pour ne plus entendre les conversations blasphématoires entre ma mère Louise et l'amie de celle-ci,

Angèle. Sagement assise sur la banquette arrière du véhicule avec des pensées anéanties, j'entends vaguement les bruits de leurs voix, mais je n'y prête plus attention. Les deux femmes semblent parler de tout et de rien, mais surtout pas de moi puisque désormais, je suis incomprise et maudite à tout jamais.

Le ciel et tous ses Dieux ont fini par m'abandonner. Ils ne sont plus là pour m'aider et me soutenir, car ce que je dois subir est un pur sacrilège dans leur religion catholique. Emmurée dans ma détresse, dominée par leurs croyances, je suis condamnée à obéir.

Ma mère et Angèle discutent pour combler les vides de cette grave situation, afin de ne pas répondre à mes angoisses éventuelles, à mes appels au secours. Il est trop tard pour entendre mes cris de détresse violents, mais silencieux. L'ultime décision est définitivement prise, sans appel et sans retour. Le rendez-vous est fixé à dix heures.

Quand le véhicule se gare sur le parking de l'hôpital, je me dirige, la mort dans l'âme, vers un destin que je n'ai pas choisi. Je me retourne, espérant encore un ultime soutien, mais Angèle et ma mère disparaissent de mon champ de vision, m'abandonnant à mes terreurs.

Je me présente à l'accueil puis je suis conduite à ma chambre. Ma vie ne m'appartient plus. Je me sens broyée dans un étau de non-dits, d'injustices et d'incompréhensions.

Je suis la pauvre victime d'une trahison, celle d'une éducation judéo-chrétienne qui ne laisse aucune chance à la tolérance et au pardon. J'aurais tant aimé que ma mère me laisse la possibilité de m'exprimer, de m'expliquer, de me confier, avant que le deuil qui m'attend soit impossible. Mais il est trop tard…

Le lendemain matin, je me réveille avec une douleur diffuse dans le bas-ventre. Soudain, je prends conscience de l'acte chirurgical que je viens de subir. Le bébé que j'ai conçu sans le savoir ne verra jamais le jour, ne grandira pas, parce que j'ai refusé de me défendre, parce que je n'ai pas eu le courage de m'exprimer, parce que j'ai eu peur. La décision de ma propre mère s'est proclamée comme une sentence.

Sur mon lit d'hôpital, je me souviens alors vaguement de l'euphorie de cette nuit du Bac qui se transforma en cauchemar quand je compris trop tard que je venais de commettre l'irréparable.

Le jeune homme qui fut mon premier amour, sans savoir ce que signifiait vraiment le verbe « aimer », m'attirait comme un aimant. Je venais de tomber sous son charme. Sans aucune réticence, j'eus envie de faire l'amour avec lui, pour la première fois de ma jeune vie.

Quelques semaines plus tard, quand le médecin m'apprit que j'étais enceinte, ce fut le choc. Je ne réalisai pas de suite. Mon cerveau avait occulté mon aptitude à réfléchir. Les seuls arguments pour me défendre étaient que j'avais trop bu cette soirée-là, que je m'étais laissée entraîner par l'euphorie du moment et que je n'avais pas imaginé le moindre instant les conséquences de mon acte.

Je n'eus pas la force et le courage de dire la douloureuse vérité au jeune homme concerné. Je savais déjà, comme une évidence, que cela ne mènerait à rien, à part sa fuite vers le refus d'assumer. Je le ressentais en moi comme un animal blessé…

Lors de ce rendez-vous chez mon médecin traitant, lorsque les résultats de mes analyses sanguines crièrent la vérité, ma mère ne voulut pas admettre que je n'étais plus vierge et que j'étais devenue une femme. Elle implora alors Angèle, puis son propre Dieu et tous ses apôtres que la seule façon d'effacer cet outrage était l'avortement.

J'avais seulement dix-sept ans et demi, j'étais mineure et je devais me soumettre à l'implacable autorité. Ma jeunesse, ma fragilité et ma solitude morale ne prirent pas conscience des conséquences psychologiques irréversibles de cet acte tragique.


Les années qui suivirent me muèrent dans le silence de mon âme, lourd, impénétrable, celui de la culpabilité. De longues années de tristesse et de remords se présentaient devant moi avec leur mur infranchissable. J'étais au pied d'un mur froid et impénétrable. Ma vie future serait à tout jamais entachée par ce choix qui me fut imposé alors que ma destinée de jeune femme venait à peine de commencer.

Pourtant, ce n'était pas mon choix…

# 1

*C'est quoi la vie ? Une erreur ? Une punition ?*

*Un départ ou une arrivée ?*

**Francis Bossus**

**Quelques semaines auparavant.**
**Juin 1990**

L'examen du Bac vient de prendre fin. J'ai surmonté toutes les épreuves, malgré un stress épouvantable. L'épuisement me submerge. Je suis incapable d'évaluer mon travail. Ai-je réussi ou pas ? Comme cela, dans l'immédiat, je n'en sais rien du tout. Mes pensées s'entremêlent, mon cerveau se noie dans une brume totale, dans laquelle je n'y vois plus rien. J'ai tant travaillé pendant cette année de Terminale et j'ai tant révisé pour ce Bac que désormais je craque. Les tensions retombent brutalement.

Lorsque j'attends l'arrivée du bus, je sens les larmes envahir mes yeux. Ma bouche se crispe et les battements de mon cœur s'accélérèrent. Je choisis une place au fond du véhicule, isolée des autres, puis je respire profondément. Je dois me persuader que le plus difficile est passé, mais c'est encore trop tôt.

Quand je rentre chez moi, ce vendredi après-midi, je m'effondre. Je ne sais même plus répondre au sourire de ma petite sœur Floriane et au visage interrogateur de ma mère. Je n'ai qu'une idée en tête, celle de subir un lavage de cerveau. Je décide de prendre une douche puis d'aller dormir, le plus vite possible. Je souhaite me réveiller plus tard avec l'âme de mon enfance, quand mes connaissances n'avaient pas encore fait exploser mes neurones. J'ai seulement besoin d'effacer tout ça, pour ouvrir une nouvelle page de ma vie, avec des projets tout neufs.

Avec un peu de recul, je pense avoir tout de même réussi ce fameux Bac qui m'obsède depuis des mois, mais mes nerfs lâchent.

Je voudrais dormir, dormir, dormir…

Depuis mon plus jeune âge, j'ai toujours exprimé le désir profond de devenir médecin. La toute première étape, celle du Bac, est désormais franchie. La prochaine épreuve sera de surmonter la première année de médecine, où le nombre impressionnant d'étudiants inscrits provoque un sentiment de découragement pour la plupart des jeunes gens. Il faut un mental d'acier et une persévérance sans faille dans le travail intellectuel pour franchir ce cap. Malgré mon aspect physique de frêle jeune fille à peine sortie de l'enfance, je suis déterminée. Je travaillerai nuit et jour s'il le faut, sans relâche, mais j'atteindrai mon objectif.

Mon père Henri, âgé de cinquante ans, est militaire de carrière. Il aime son métier, même si celui-ci le conduit souvent à de longues périodes d'absence de la maison. Il vient d'être muté ici, en Normandie, plus précisément dans le Cotentin.

À l'annonce de cette mutation, ma mère Louise, quarante-huit ans, exprime une joie non simulée. Elle va enfin quitter la ville de Toulon où elle ne se plaît pas. C'est aussi une bonne nouvelle pour ma jeune sœur et moi-même, car nous n'aimions pas du tout le quartier dans lequel nous vivions, encore moins les établissements scolaires que nous fréquentions, à cause du harcèlement scolaire trop présent dans ces établissements malgré l'effort de prévention des professeurs et de la direction.

Nous avons emménagé en location dans ce beau pavillon il y a seulement quinze jours. Il est situé à Querqueville, à proximité de la mer, dans un lotissement calme et verdoyant. Nous sommes tous très heureux de ce changement. Pourtant, ce bonheur est éphémère lorsque la famille à peine installée, mon père nous annonce qu'il doit repartir en mission pour une durée de plusieurs semaines. Les vacances scolaires sont alors les bienvenues pour que je puisse aider ma mère à déballer les cartons et aménager la maison à notre goût.

Floriane n'a que dix ans, mais elle sait déjà ce qu'elle veut pour décorer sa chambre. Elle aime la couleur rose alors que tout est bleu dans la pièce. Vu sa mine déconfite, je lui promets de repeindre au plus vite les murs dans les coloris de son goût. Ma petite sœur, c'est mon petit rayon de soleil. J'adore lui faire plaisir…

Le lendemain matin, vers dix heures, j'entends quelqu'un sonner à la porte d'entrée. Je suis encore dans mon lit. J'ai dû dormir plus de douze heures. Mes pensées sont beaucoup plus claires que la veille. De ma chambre située à l'étage, j'entends ma mère répondre.

— Bonjour madame. Je suis Mathilde Estur, la fille de vos voisins du pavillon en face du vôtre.

— Bonjour Mathilde. Que puis-je faire pour toi ?

— J'aimerais inviter Virginie à la nuit du Bac samedi soir, la semaine prochaine.

— La nuit du Bac ?

Ma mère ne cache pas sa surprise. Elle marque une pause avant de poursuivre.

— Virginie n'est jamais allée en soirée dans une discothèque. De plus, mon mari est absent. Je ne peux pas prendre cette décision sans son accord.

J'ai rencontré Mathilde dans le bus matinal qui nous menait au lycée, le premier jour des épreuves du Bac. Elle m'a expliqué qu'elle le passait pour la seconde fois et qu'elle souhaitait tenter d'obtenir le concours d'infirmière après avoir effectué une première année de médecine, sachant parfaitement qu'elle ne parviendrait jamais à poursuivre au-delà. Elle connaissait ses failles. Nous aurions donc la possibilité de nous revoir à la rentrée, à la faculté de médecine de Caen, ville universitaire la plus proche de notre domicile. Ce projet commun et aussi le fait d'être voisines nous permirent de sympathiser très rapidement.

Sentant le grand désarroi de ma mère – qui me voit toujours comme une petite fille –, j'enfile une robe de chambre, je descends rapidement l'escalier puis j'interviens, après avoir salué Mathilde.

— Je viens juste de me réveiller.

— Tu étais épuisée hier, pâle à faire peur.

— Je sais…, je tenais à peine sur mes jambes. Ça va mieux ce matin.

— Sans te connaître depuis longtemps, j'ai l'impression que tu travailles beaucoup trop.

Ma mère réagit énervée, comme souvent.

— Virginie veut devenir médecin ; pour y parvenir, elle devra travailler encore davantage ! tranche-t-elle.

Un silence se fait pesant. J'interviens.

— Maman, j'ai entendu la proposition de Mathilde. J'aimerais bien aller à cette nuit du Bac. Tu peux appeler papa ?

— Je peux seulement le joindre pour les choses importantes ; je ne veux pas le déranger pour une broutille.

— Mais maman, je ne me considère pas une broutille !

— Je n'ai pas dit ça ; je pense juste que tu peux te passer de cette soirée. De plus, nous avons beaucoup de travail dans notre nouvelle maison. N'oublie pas que tu as promis à Floriane de repeindre sa chambre.

— Je vais le faire, maman. Je te demande juste de sortir avec mon amie, pour une fois.

Je supplie ma mère du regard. Celle-ci ne bronche pas, plus fermée qu'une huître. Mathilde insiste et poursuit.

— D'autant plus que mon père irait nous conduire à la discothèque et reviendrait nous rechercher quand je l'appellerai. Mes amis, Paul, Léo et Mathis, mes copains de Terminale, en qui j'ai toute confiance, viendront à la soirée. Il n'y a aucun souci à vous faire.

Je négocie, j'argumente, j'espère encore…

— Maman, s'il te plaît, écoute-moi. J'ai travaillé comme une dingue durant toute cette année et je ne te demande jamais rien. Cette fois-ci, j'en ai vraiment envie. Dis oui, maman !

— Madame Valmi, faites plaisir à votre fille, il n'y a aucun risque, tente encore Mathilde.

Ma mère lève les yeux vers le ciel – implorant certainement l'aide de Dieu – puis soupire. Alors que je n'y crois vraiment plus, elle s'adoucit.

— C'est bon, j'appelle ton père, mais je suis certaine qu'il va refuser. Pendant ce temps, va prendre ton petit déjeuner et offre un jus de fruits à ton amie.

— Merci maman.

De longues minutes plus tard…

— Alors ?

— Finalement, je suis surprise, mais ton père accepte. Après réflexion, il estime que tu mérites de te détendre un peu après cette année difficile. Et puis il est vrai que tu ne connais encore personne dans la région, à part Mathilde. Tu dois te faire des amis pour t'intégrer à notre nouvelle vie.

— Merci maman ! Tu es formidable !

Mon amie se permet un petit clin d'œil discret.

— Je passerai te chercher vers vingt heures. Pendant ce temps, reprends des forces.

— Merci Mathilde. À samedi prochain.

Samedi soir 16 juin. Quand je pénètre dans la discothèque, l'ambiance de folie me saisit. Électrisée et excitée sous le charme envoûtant d'une atmosphère totalement nouvelle, je suis happée par le décor futuriste, les paillettes, la lumière, la musique, la magie du moment.

C'est la première fois que je vis cette sensation aussi intense, celle de n'écouter que mon corps. J'ai besoin de me défouler. Mon cerveau est mis de côté pour cette soirée. Sur les sons disco des tubes de cette génération 90, je suis grisée par le besoin animal de danser. Sur la piste centrale, je me sens renaître, avec une envie démentielle de bouger, de me libérer, de tout oublier, le temps d'une nuit.

Ce n'est plus moi, Virginie, la jeune fille studieuse et raisonnable ; c'est une autre que je ne connais pas encore…

Et puis la fatigue me rattrape. Je suis épuisée, je dois marquer une pause. Je me dirige vers le bar. Un jeune homme me rejoint. Il me paraît sympathique, avec un charme fou exacerbé par le flou des lumières tamisées. Ma timidité s'envole comme par magie, car je me sens bien près de lui. J'ai envie d'échanger quelques mots.

Il s'appelle Xavier. Il m'avoue qu'il a obtenu son Bac trois ans auparavant, mais qu'il aime revenir ici, dans cette discothèque à la mode, pour profiter de ces bons moments d'insouciance. Très bel homme au teint métissé, aux cheveux noirs bouclés, aux yeux que je devine bleu azur, à la voix chaude et sensuelle, je suis sous le charme et je me laisse bercer par ses mots.

— Tu danses vraiment très bien. Tu viens souvent ? dit-il.

— Non, c'est la première fois. Je fête la fin des épreuves du Bac.

— Tu penses l'avoir ?

Je souris intérieurement. Il ne se doute pas qu'il parle à une pure intellectuelle.

— J'espère…

— Que fais-tu après ?

— Des études de médecine, à la faculté de Caen.

— Ah oui ! Ce n'est pas facile…

— Je sais, mais je m'en sens capable.

— OK, je vois. Je parle à une intello.

— Une intello qui a soif. Je prendrais bien un jus d'orange.

— Je commande.

Je continue la conversation en cherchant mes mots, malgré mon trouble, car Xavier me fascine.

— Et toi, peux-tu me parler de tes projets ?

— J'aimerais créer mon agence d'agent immobilier indépendant à Cherbourg, car j'adore cette jolie ville côtière. J'ai toujours aimé la mer et ses plages. Ma mère est née ici, en Normandie, et mon père est guadeloupéen.

— D'où ce magnifique métissage !

— Merci, c'est gentil. Moi aussi, je te trouve très belle. Je n'arrive pas à identifier la couleur de tes yeux.

— Ils sont verts nuancés de marron. Leur couleur varie avec la lumière. Que fais-tu à la rentrée ?

— Je repars en Guadeloupe, pendant un an, pour aider mon père à la plantation. Ma mère reste en France pour le moment. J'ai la chance de pouvoir compter sur leur soutien et sur leur aide financière pour m'installer plus tard. Je dois les remercier pour l'argent qu'ils me donnent quand je travaille avec mon père.

Les paroles de Xavier glissent sur moi sans que je les assimile vraiment. Je suis totalement envoûtée par ce jeune homme à la séduction troublante. Le jus d'orange a un goût délicieux. J'ai envie d'un autre verre.

— Méfie-toi, ce n'est pas du simple jus d'orange.

— Qu'est-ce que c'est ?

— Un petit mélange avec de la vodka.

— J'adore, ça rafraîchit terriblement.

Puis viennent quelques instants silencieux pendant lesquels les moments de gêne semblent réciproques. Je ne sais plus quoi dire, j'ai presque envie de fuir quand Xavier reprend nos échanges.

— Tu m'accompagnes ? On va danser ?

— Pourquoi pas ? On y retourne…

Totalement désinhibée, avec la sensation d'être euphorique, certainement due aux boissons alcoolisées, je me déchaîne encore plus sur la piste de danse avec les tubes à la mode qui s'enchaînent. La fatigue s'est envolée pour laisser place à une excitation sans limites.

C'est alors que je ressens le regard de Mathilde sur moi. Elle semble inquiète, car elle ne reconnaît plus la sage Virginie que je suis. Elle m'interpelle.

— Fais attention ! Tu es à bout de forces après ce Bac. Tu ne sembles plus dans ton état normal.

— Pour une fois que ma mère ne me surveille pas, laisse-moi profiter !

— OK, mais fais attention.

Xavier est toujours là, dansant devant moi. Il ne me lâche pas du regard.

— Et si nous allions boire un autre verre ? dis-je.

— Bonne idée…

Je titube un peu, je m'accroche à son bras, mes jambes fléchissent sous mon corps devenu lourd.

— J'ai l'impression que tu n'es pas en grande forme, remarque-t-il. Tu es certaine que tout va bien ?

— Oui, je suis bien. Je passe une très bonne soirée. J'ai seulement soif, ce n'est rien.

— Alors, c'est le dernier verre.

— D'accord, c'est le dernier.

Je l'avale d'un trait. Ensuite, je me sens devenir étrange, comme étourdie. J'ai du mal à me relever de mon siège.

— Viens avec moi, me propose Xavier. On va prendre l'air, ça te remettra les idées en place.

Sur le parking de la discothèque, l'air frais accentue mon malaise. Conscient de mon état, Xavier me propose d'appeler un taxi. Je refuse, car je ne veux pas écourter cette soirée tant convoitée. Le père de Mathilde doit venir nous chercher, ayant promis à ma mère. Il s'agit certainement d'un petit étourdissement passager. Je lui demande alors de me reposer un peu dans sa voiture afin de reprendre mes esprits.

Allongée sur le siège arrière du véhicule, j'ai soudain très chaud. Oubliant toute ma pudeur, je me dévêtis presque totalement. Insidieusement, les boissons alcoolisées font leur effet. J'oublie que le jeune homme à côté de moi n'est pas de marbre.

Évidemment, Xavier n'est pas de marbre. Il perd le contrôle. Il se dénude à son tour et se glisse à côté de mon corps à moitié nu. L'intello s'est évanouie pour laisser place à une âme en peine… Mes gestes lui font comprendre que j'ai très envie de lui. J'approche mon visage de ses lèvres. Il m'embrasse passionnément puis me caresse doucement. Je frémis de désir puis je me donne à lui sans aucune réticence. Mes pensées ne sont plus très claires. Je sais que je vais me perdre, mais c'est trop tard.

Il se couche sur moi, relève mes jambes puis me pénètre doucement. Je ne le repousse pas. Mon premier cri de douleur se transforme en un gémissement de plaisir qui marquera mon être à tout jamais. L'empreinte de cette première fois restera gravée pour toujours en moi.

Pour toujours…

Beaucoup plus tard dans la soirée, après m'être rhabillée, je reprends alors lentement mes esprits. L'alcool s'est dissipé dans mon cerveau. La réalité revient de plein fouet. Je réalise ce que je viens de faire, l'amour pour la première fois.

Xavier me regarde, mais ne dit rien. Les mots n'auraient aucun sens. Nous préférons de ne pas revenir ensemble dans la discothèque pour ne pas provoquer des questions sans réponses.

La soirée continue, dans une ambiance de folie. Je danse jusqu'au bout de la nuit. Les sensations fortes que je viens de découvrir me stimulent. Je me sens bien, épanouie et heureuse. Une nouvelle page de ma vie vient de s'ouvrir. C'est terriblement excitant. Je me sens femme.

Lorsque le père de Mathilde vient nous chercher, j'aimerais rester encore. J'aurais tant aimé prolonger davantage cette soirée, mais j'ai promis de rentrer avec mon amie. Je ne veux pas décevoir ma mère. Au bar, j'aperçois Xavier, un verre à la main, le visage impassible. Il me fait un petit signe de la main.

Le reverrai-je un jour ? Je ne sais pas…

Beaucoup plus tard, je suis allongée dans mon lit et mon corps plonge dans un abîme de plaisir. Je ressens encore le corps de Xavier tout contre le mien, je vibre dans ma chair et dans mon âme puis je m'enlise doucement dans un sommeil réparateur et une sensation délicieuse de bien-être qui ne tolèrent aucun sentiment de culpabilité…

*Tu voudrais qu'elle t'aime*
*T'as changé tes manières*
*Tu prends des allures mondaines*
*Tu racontes seulement*
*Tes voyages en première*
*En première*
*Tu veux qu'elle t'estime,*
*Tu sors tes plus belles lectures*
*T'as vu des centaines de films*
*T'expliques d'où viennent*
*Ces tapis sur le mur, sur le mur.*
*Et y'a une heure où va retentir*
*Le signal*
***Animal ; Francis Cabrel***

# 2



*Les erreurs font partie de la vie. C'est la réponse*
*qu'on leur oppose qui est importante.*
**Nikki Giovanni**

**Été 1990**

Militaire de carrière, mon père était amené à changer de ville pour sa profession tous les trois ans environ, en fonction des disponibilités. De Toulon, ma famille déménagea et posa ses valises ici, en Normandie, au printemps 1990.

Floriane, ma jeune sœur âgée de dix ans, s'adapta très vite et se fit de nouveaux amis à l'école très rapidement. C'était plus compliqué pour moi. De nature réservée et casanière, je n'aimais pas ces déménagements à répétition. Je me réfugiais trop souvent dans le travail scolaire et les études pour m'isoler du monde extérieur. Je n'avais aucune amie, à part désormais Mathilde, ma voisine.

L'expérience amoureuse que j'avais vécue avec Xavier faisait partie de mon jardin secret, de ma profonde intimité. J'y repensais tous les soirs avant de m'endormir. Je me sentais bien et je ne regrettais rien. Il est certain que l'alcool m'avait désinhibée cette nuit-là, mais c'était bien. Je ne vivais que de souvenirs de plaisir.

J'obtins mon Bac avec la mention très bien. Mon entourage n'en fut pas étonné. Pour ma part, j'étais fière de moi, bien entendu, mais je pensais alors que cela ne changerait rien à ma vie future. Ma relation avec Xavier avait bouleversé ma façon d'appréhender les années à venir. Enfin, je savais relativiser les évènements du quotidien.

Mathilde eut son Bac de justesse, après le rattrapage. Elle envisageait de faire une année d'études de médecine à Caen, comme moi, mais ne voulait pas continuer ensuite. Elle souhaitait utiliser les connaissances acquises pendant cette première année de médecine pour passer le concours d'infirmière. Nous étions ravies à la perspective de nous retrouver ensemble pendant cette première année de faculté.

Bien entendu, elle ne sut rien de ce qu'il s'était passé entre moi et Xavier pendant cette nuit du Bac. Cela faisait partie de mon jardin secret, avec un sentiment de satisfaction d'avoir franchi un cap sans avoir rien prémédité.

Depuis la fenêtre ouverte de ma chambre, je ressens la chaleur des derniers rayons du soleil de ce mois d'août 1990. Il est dix-huit heures. La plage se libère peu à peu des vacanciers pour retrouver son harmonie naturelle entre ciel et mer. J'entends le cri aigu et incessant des mouettes. Je devine les vagues qui se forment et viennent s'échouer en douceur sur le rivage, déversant leur écume de soie blanche crépitante au contact des rochers plombant la mer. La nostalgie m'envahit.

Je repense à mon enfance.

En 1980, j'avais huit ans. Ma mère avait trente-huit ans et mon père quarante ans. Nous vivions à Toulon où je suis née en 1972. Mon père Henri était souvent absent, en mission. Ma mère occupait toutes ses journées – quand j'étais à l'école – dans sa passion et son dévouement pour les associations caritatives et les œuvres catholiques. Elle participait à la préparation des messes dominicales, s'investissait beaucoup dans les œuvres de charité et donnait des cours de catéchisme le mercredi après-midi. J'étais déjà très studieuse, mais je détestais le catéchisme en qui je ne croyais pas et qui me faisait perdre mon temps. Pour moi, ce n'était que des mensonges. Je préférais étudier.

Quand ma sœur est née cette année-là, je l'ai accueillie comme un rayon de soleil qui allait enchanter ma vie de petite fille unique. Pour ma mère, cela ne changea pas son caractère fermé. Un deuxième enfant était plus une lourde charge plutôt que du bonheur. J'étais terriblement gênée quand elle disait que Floriane n'était qu'un simple accident. Pourtant ce bel « accident » allait combler mon quotidien de joie et adoucir mon éternelle mélancolie dans ma vie de petite fille sans repères affectifs, certainement à cause d'un père trop souvent éloigné de nous et d'une mère autoritaire. Elle était le cadeau que je n'attendais plus.

Nous avons grandi toutes les deux sous l'emprise de cette éducation judéo-chrétienne permanente. Je me souviens que pendant la messe du dimanche matin, ma sœur et moi faisions exprès de ne pas chanter les cantiques pour contrarier notre mère, juste parce qu'elle insistait. Nous étions des enfants rebelles. Floriane aimait regarder les chaussures des femmes présentes à l'église pour les dessiner ensuite – ce qui explique peut-être son goût immodéré pour les chaussures actuellement. Nous n'aimions pas ce principe d'imposer des choix, même à de petites filles. Notre père, toujours parti ou bien absorbé par sa carrière, faisait confiance à son épouse pour notre éducation. Bien entendu, il ne pouvait pas tout contrôler.

Floriane était une petite fille gaie, drôle, pétillante, mais pas très studieuse. C'est souvent moi qui faisais les devoirs du soir après l'école, quand notre mère n'était pas disponible, toujours sollicitée par les gens de la paroisse. Je prenais ce rôle de grande sœur très au sérieux, car j'aimais profondément ma petite sœur.

Plus tard, lorsque mes études devinrent trop intenses – surtout à partir de la seconde – je fus enfin dispensée de cérémonie religieuse le dimanche matin. Floriane partait alors sans moi vers l'église. Je me souviens encore de son regard dépité quand elle se retournait vers moi, comme un appel au secours.

Le temps est magnifique durant ce mois de juillet. De ma fenêtre ouverte, j'entends ma bande de copains qui aime se retrouver sur la plage de Querqueville. Il y a Léo, Mathis, Paul, Xavier et Mathilde. Ils parlent, ils rient, ils vivent l'instant présent, ils refont le monde en buvant de la bière brune. Pour ma part, je me sens fatiguée ce soir et je préfère lire, confortablement allongée sur mon lit.

Xavier n'aborda plus jamais la relation sexuelle qu'il avait eue avec moi. Il aimait ma compagnie, mais m'expliqua en termes brefs que notre aventure n'aurait pas de suite. Nous étions bien trop jeunes pour nous investir dans une relation sérieuse. Je dus accepter, sans broncher, car la vie était ainsi, violente, tranchante, sans aucune pitié et dénuée de remords. Je devais m'endurcir, ne plus regarder derrière moi et abandonner mes rêves de petite fille et de prince charmant pour un futur bien réel.

Durand ces vacances d'été, je profitais du soleil, de la mer, du temps libre, des copains, de la jeunesse insouciante. C'était ça le vrai bonheur. Je vivais mes plus belles années, j'en étais pleinement consciente. Je devais faire des efforts pour apprécier cette vie sans souci, même si ça me faisait encore mal quand je repensais à Xavier qui resterait à jamais mon premier émoi. J'espérais en ce temps qui passe et qui a le pouvoir d'effacer les cicatrices au fur et à mesure que les souvenirs s'estompent.

Ce matin du premier août, j'ai la surprise de voir mon père au petit déjeuner. Ma joie est immense, je lui saute au cou. Quand ma petite sœur sort de sa chambre, elle se précipite sur ses genoux. Nous n'attendions pas sa visite, car il n'était pas certain de pouvoir se libérer pour les vacances d'été. Ma mère regarde la scène sans manifester d'émotion particulière. Les absences trop fréquentes de son mari l'ont transformée en marbre froid, ou bien elle dissimule parfaitement ses sentiments. Pour une fois, le petit déjeuner est animé, joyeux, plein de rires.

Ce père nous manque terriblement, mais nous devons nous adapter à son absence qui nuit à notre éducation. Notre mère fait ce qu'elle peut et pense compenser ce manque affectif en nous imposant un quotidien rigoureux, pieux, strict, bercé par les phrases de la Bible.

Notre père doit repartir en mission pour une durée indéterminée quelques jours plus tard. Floriane et moi sommes pourtant bien habituées à ces douloureuses séparations, mais chaque fois, nous éprouvons la même souffrance sans pouvoir l'exprimer. Malgré son statut de militaire et sa rigueur professionnelle, notre père est un homme tolérant, empathique, doué de compréhension et attentionné, avec un sens de l'humour que ma mère n'a jamais eu. Il sait nous faire rire.

Pourtant, cette fois-ci, je vis ces moments de séparation avec un sentiment d'abandon plus fort que d'habitude. Je me sens anxieuse, mal à l'aise. Les jours qui précèdent son départ, je me réveille le matin plus fatiguée que la veille. Je ressens en moi une immense lassitude que même le sommeil ne comble pas. Ma mère pense que c'est une conséquence de la fatigue accumulée durant l'année scolaire.

Cependant, les jours se succèdent et les symptômes persistent. Elle ressent le fait que quelque chose n'est pas habituel dans mon comportement au point de m'emmener chez le médecin. À la rentrée, je dois commencer mes études de médecine. Elle insiste sur le fait que je dois profiter des vacances pour me soigner et être en pleine forme.

Elle prend rendez-vous chez notre médecin traitant. Après l'auscultation, ce dernier se montre confiant.

— Madame Valmi, je vous rassure, le bilan de votre fille est normal. Sa tension et son poids sont corrects. L'examen clinique ne révèle rien de particulier.

— Mais docteur, ce n'est pas normal, à son âge, qu'elle soit si fatiguée. Je ne comprends pas.

— C'est certainement le contrecoup de tout le travail accumulé pour obtenir ce Bac. Je pense qu'elle a énormément révisé, voire trop. C'est ça, Virginie ?

— Oui docteur.

— Je vais tout de même te prescrire un bilan sanguin, pour savoir surtout si tu n'as pas d'anémie. Tu dois être en bonne santé pour la rentrée. Les études de médecine sont difficiles, surtout la première année, car il y a plus d'inscrits que de places à pourvoir.

— Je sais, docteur. Beaucoup de travail m'attend à la rentrée. J'en suis consciente.

Dès le lendemain matin, le prélèvement sanguin est réalisé. Quelques jours plus tard, le médecin appelle ma mère.

— Bonjour madame. Je viens d'avoir les résultats d'analyse de votre fille. J'aimerais vous voir rapidement, avec elle, bien entendu. Demain matin, est-ce possible ?

— C'est grave ?

— Nous en parlerons demain. Dix heures à mon cabinet, cela vous convient ?

— Très bien ; à demain docteur.

Le lendemain matin, dans la salle d'attente du cabinet médical, ma mère et moi demeurons silencieuses. Nous sommes assises, l'une à côté de l'autre, sans avoir l'envie de communiquer. La tension est évidente.

Le médecin apparaît. Il désire me parler en privé dans un premier temps. Il demande à ma mère de patienter dans la salle. Je ressens un mauvais pressentiment. Assis face à moi, il prend son visage dans ses mains, marque de longues secondes de silence puis me regarde avec un visage visiblement tracassé, en soupirant.

— Virginie, je n'ai pas une bonne nouvelle à t'annoncer.

— Que se passe-t-il ? Vous me faites peur !

— Voilà le diagnostic. Tu es enceinte, de neuf semaines environ.

Le malaise m'envahit.

— Enceinte ! Ce n'est pas possible ! C'est une erreur docteur !

— Hélas, j'aimerais aussi que ce soit faux, mais les analyses sont là, bien réelles.

L'émotion me coupe le souffle ! Je suis abasourdie, terrifiée…

Il essaie de comprendre.

— Dis-moi, que s'est-il passé ? Tu n'as pas été violée ?

Le couperet me fait mal. Je m'effondre sur le bureau du médecin. Je suis si nauséeuse depuis ces dernières semaines que j'aurais dû envisager cette éventualité, tout en la rejetant en bloc. Je me prends le visage dans les mains et me mets à sangloter.

— Non, docteur, je n'ai pas été violée. J'étais consentante. C'était pendant la nuit du Bac et c'était la première fois. J'avais trop bu.

Le médecin semble terriblement tracassé. Que dire ? Que faire ?

— Je vais être obligé de le dire à ta mère. Tu es mineure.

— Je sais…

— Tu vas devoir être forte.

— Je sais…

Quand ma mère entre dans le bureau du médecin, elle me découvre effondrée, en sanglots. Je suis inconsolable…

— Que se passe-t-il ?

— Maman, c'est terrible, pardonne-moi, je suis enceinte.

— Enceinte ? Mais tu es vierge, ce n'est pas possible !

— Non, maman, c'était pendant la nuit du Bac. Si tu savais comme je suis désolée. Je te demande pardon.

Ma mère est sidérée alors que mes sanglots me secouent de plus belle. Le médecin, spectateur de ma détresse, est pétrifié devant mon désespoir. Il attend que je sois calmée puis me conseille de réfléchir pendant quelques jours avant de prendre l'horrible décision, implacable et irrémédiable, celle de l'interruption volontaire de grossesse. Il s'adresse à ma mère.

— Je vous donne le nom de mon confrère, gynécologue-obstétricien, qui pratique ce genre d'intervention à la clinique. Ne tardez pas, si vous choisissez cette option.

— Je choisis cette option, sans aucune hésitation, tranche ma mère sur un ton sec, sans même me regarder.

— Vous ne voulez pas en parler avec votre fille auparavant ? C'est une grave décision.

— Ce n'est pas nécessaire. Notre décision est prise.

Se tournant vers moi, avec un regard plein de rage.

— As-tu pensé à la réputation de notre famille avec un bébé à charge à ton âge ? Que penseraient notre famille, les voisins et les paroissiens ! J'imagine que le père en question n'est pas au courant, et c'est tant mieux.

— C'était pendant la nuit du Bac. J'avais trop bu, je n'étais plus moi-même.

— J'aurais dû t'interdire d'y aller !

— Maman, laisse-moi réfléchir avant de prendre cette décision…

— Ce serait perdre du temps. Virginie, tu es trop jeune pour donner ton avis. C'est de ton avenir qu'il est question. Je ne veux même pas que ton père l'apprenne. J'aurais trop honte !

Le médecin se permet d'émettre quelques mots. Il tente vainement d'adoucir la situation, mais ma mère ne veut rien entendre.

— Madame Valmi. Votre fille est mineure, mais ce n'est plus une petite fille. Elle a le droit de s'exprimer.

— S'exprimer pour dire quoi ? Plus tard, elle me remerciera.

— Ce n'est pas certain. Elle pourra vous en vouloir longtemps, très longtemps.

— Aura-t-elle des séquelles ?

— Seulement psychologiques. Elle aura certainement besoin d'une aide extérieure pour se construire plus tard dans sa vie de femme.

— Merci docteur.

La porte du cabinet médical se referme sur ce verdict tranchant, sans appel. Je rentre avec cette femme qui porte le nom de « mère » à la maison, sans dire un mot. Je suis enfermée dans ma douleur. C'est à ce moment de ma jeune vie que je sens que le dialogue est à jamais rompu avec elle. Je suis brisée, abasourdie, incapable de surmonter la terrible vérité.

Le dîner est silencieux. Floriane, du haut de ses huit ans, ne comprend pas cette ambiance lourde. Elle n'ose pas parler, car elle ressent le malaise. Pourtant, elle est si heureuse d'avoir revu son père, d'être en vacances, de vivre sa vie de petite fille insouciante. Elle m'observe et subit comme moi les larmes silencieuses qui coulent sur mon visage. Elle ne sait pas quoi dire face au visage austère de notre mère, alors elle ne dit rien.

Après le repas, elle se précipite dans sa chambre et se réfugie dans son monde rien qu'à elle, celui de ses princesses préférées. Un monde tellement vrai, tellement rassurant, qui demeure sa force pour grandir.

Totalement désorientée, je me dirige vers ma chambre, je m'effondre sur mon lit et j'éclate en sanglots, anéantie dans les ténèbres de la nuit. Je crois que c'est à ce moment précis de ma vie que je ressens des sentiments violents envers ma mère, qui vont me poursuivre bien longtemps.

C'est une révolte intérieure qui surgit en moi, un sentiment d'abandon, presque de haine, devant le mur qu'elle vient de dresser entre nous. Je suis perdue, terrifiée, j'appréhende les jours à venir, mais il est trop tard.

Que vais-je devenir ?

# 3

*Vers quel monde, sous quel règne*
*et à quels juges sommes-nous promis ?*
*À quel âge, à quelle page*
*et dans quelle case*
*sommes-nous inscrits ?*
*Les mêmes questions que l'on se pose*
*On part vers où et vers qui ?*
*Et comme indice pas grand-chose*
*Des roses et des orties*
***Des roses et des orties ; Francis Cabrel***

Quelques jours plus tard, je retrouve mes camarades sur la plage. Floriane est invitée chez une amie de son âge. Ma mère doit rejoindre son amie fidèle Angèle, sa confidente, alors je devine déjà les mots terribles qu'elle va prononcer à mon sujet. Cette femme est son double, elle ne lui cache jamais rien. Elle va forcément lui annoncer la mauvaise nouvelle pour moi. Mon sentiment de culpabilité est terriblement fort, mais il est trop tard.

Le temps est magnifique. Le soleil brille sur l'océan aux reflets d'argent. Le ciel immaculé de bleu s'étire sur l'horizon tandis que mon cœur saigne. La vie continue même si je souffre l'enfer. Je dois faire semblant d'être heureuse devant mes amis même si je suis emprisonnée dans un piège infernal.

J'observe Xavier, mais plus comme avant. Je le regarde nager, vivre, s'amuser, mais je me détache lentement de lui, de son charme. J'écoute encore ses blagues, mais je les trouve sans intérêt. Je repense à ses caresses et la nausée m'envahit.

Je ne sais pas quoi faire. Dois-je lui dire la vérité ? Ce matin, dès mon réveil, j'étais sûre de moi, car j'avais décidé de lui annoncer la terrible réalité. Cet après-midi, devant son optimisme et sa joie de vivre qui l'animent, le doute me submerge. Je n'ai plus le courage de lui annoncer que je suis enceinte.

Allongée sur le sable, perdue dans mes pensées, je n'entends pas Mathilde s'approcher de moi. Je sursaute.

— Ça va Virginie ? Tu sembles ailleurs. Je te trouve toute triste. Tu devrais être heureuse pourtant ! Ce sont enfin les vacances d'été et il fait beau ! Profite de ces bons moments !

— Je suis un peu fatiguée, ce n'est rien de bien méchant.

— Viens nager avec nous !

— Nager ? Non, je n'en ai pas envie. Je préfère rester sur la plage.

— Comme tu veux…

Les heures passent et l'angoisse monte en moi. Au loin, j'entends les rires joyeux de mes amis qui se laissent aller au bonheur du moment présent. Pendant ce temps-là, les yeux rivés vers le ciel, je pense, car mon tourment dévore mon mental. Je vais mal, de plus en plus mal. Il faudrait absolument que je parle à Xavier, au moins pour libérer ma conscience, car ne pas le faire serait lui mentir. Il doit savoir la vérité.

Mais comment va-t-il réagir ? Saura-t-il me réconforter ? Trouvera-t-il une autre solution que l'avortement ? J'ai tant besoin de me confier, de trouver du soutien, de m'entendre dire que je ne suis pas toute seule. Je voudrais partager ma détresse, car elle est trop lourde pour moi.

Je me suis endormie sur la plage. Je n'ai pas entendu Xavier s'approcher de moi et me chatouiller les pieds pour me réveiller. Il respire le bonheur et la jeunesse insouciante. Pourtant, son charme s'est envolé et sa séduction n'agit plus sur moi. C'est un être banal à qui je décide enfin de tout révéler.

Je me relève, j'enfile ma robe sur mon maillot de bain et je l'entraîne un peu à l'écart.

— Xavier, je peux te parler ?

— Je devine, c'est certainement à propos de notre relation.

— Pas du tout ! C'est par rapport à la suite de notre relation…

— Quelle suite ? Nous avons eu un rapport sexuel, mais ce n'est pas important. Nous ne nous connaissions pas. Je ne pouvais pas deviner que c'était ta première fois. Il est hors de question que l'on s'attache. De plus, j'ai promis à mon père de le rejoindre en Guadeloupe la semaine prochaine.

Ces mots-là me font mal. Je ne laisse rien paraître, mais je n'ai plus la force de lui annoncer la terrible vérité. Je suis désemparée.

— Bien sûr, je reconnais que ce n'était qu'un moment d'égarement. Je n'étais plus moi-même.

— Je crois me souvenir que tu as tout fait pour me séduire ce fameux soir.

— J'admets.

Xavier fixe le sol, puis reprend.

— Essayons de garder un bon souvenir de ce que nous avons vécu tous les deux. Nous avons des objectifs différents et nous sommes bien trop jeunes pour construire une relation définitive et sérieuse ensemble.

— Tu as raison…, nous sommes bien trop jeunes pour faire des projets ensemble.

Une chape de plomb s'abat sur moi.

— Allez, viens nager ! Profite de ce temps magnifique ! À la faculté de médecine, tu vas vite m'oublier au contact de tous ces étudiants qui ne vont pas résister à ton charme !

C'est la phrase de trop, celle qui ne me laisse plus aucune chance de m'expliquer.

Le temps se fige. Je m'incline.

— Tu as raison, Xavier. Dans quelques semaines, tu seras effacé de ma mémoire.

Xavier n'avait pas raison. Des jours, des semaines, des années après, je repensais à ce jour, le 20 août 1990, où j'avais mis fin à la vie d'un petit être innocent.

J'en voulais toujours à ma mère et à son amie Angèle. Elles m'ont dirigée sans me donner une chance de m'expliquer vers cet acte assassin irréversible.

J'en voulais au monde entier…

La rentrée universitaire m'oblige à tenter de refermer les cicatrices que ce coup dur du destin a forgées en moi. Le travail m'attend. Je n'ai pas le droit de laisser passer ma chance de devenir médecin.

De nouveaux repères s'imposent à ma vie. Je me plais beaucoup dans ma petite chambre universitaire de Caen. Les cours sont intensifs, mais passionnants. J'aime ce que je fais, je suis déterminée et je veux réussir. Le traumatisme que je viens de subir est là, toujours présent, mais je me réfugie dans le travail pour essayer d'oublier.

Je me sens étrange, comme si mon âme de jeune fille ne correspondait plus à mon corps de femme mutilé. J'espère au temps qui s'écoule pour panser mes blessures. Ce sera le seul remède pour tenter d'atténuer mes douleurs.

Ma petite sœur me manque, mais le fait de ne plus voir ma mère au quotidien me permet de me reconstruire doucement. Pourtant, je décide de rentrer tous les week-ends à la maison, car j'ai besoin de Floriane. Sa frimousse, son sourire, sa joie de vivre, sa présence me sont indispensables. J'espère que jamais, au cours de sa vie, elle ne sera face au traumatisme que j'ai subi. Pourvu qu'elle ne vive en aucun cas ce drame.

Les rapports avec ma mère sont difficiles lors de ces week-ends et des vacances. Les mots entre nous sont froids et définitivement voués à une rancune inqualifiable. Je souffre encore trop pour lui pardonner. Je lui reproche de ne pas m'avoir donné la possibilité de faire mon propre choix, de m'expliquer, de me confier, de trouver dans son regard un peu d'humilité et de compassion.

Je lui en veux de ne pas avoir été près de moi quand j'avais besoin d'elle. Très occupée avec son amie Angèle, son double, dans ses associations catholiques, elle est souvent absente le dimanche et c'est très bien ainsi. Je profite ainsi pleinement de ma petite sœur.

Quand mon père est de retour de mission à la maison, le sourire revient sur tous les visages. Mon cher père n'est pas du tout comme ma mère. Il ne croit en aucun Dieu. Il aime ses deux filles comme deux rayons de soleil. Il ne comprend pas vraiment le goût prononcé de son épouse pour son engagement sans limites dans le catholicisme. Trop souvent absent, il ne peut pourtant pas se permettre de remettre en question notre parfaite éducation. En effet, nous restons pour lui – et pour les autres –, deux petites filles modèles élevées dans un cadre strict, rigoureux, sans failles et sans aucun écart de conduite.

Tout au long de mes études de médecine, je ne me suis consacrée qu'au travail. Mes amis, je les ai choisis comme moi, sérieux et studieux, pour ne pas céder aux tentations des soirées festives étudiantes.

Je fus diplômée en juillet 1999. À vingt-sept ans, mon objectif devint enfin réalité. Mon travail acharné et ma persévérance étaient enfin récompensés. J'étais fière de mon parcours.

Pendant ces neuf ans d'études, j'ai tenté d'avancer sans me retourner, en essayant de chasser définitivement les fantômes de mon adolescence guillotinée. J'ai essayé, mais je n'ai pas réussi à tout oublier.

Mes cauchemars me rappellent sans cesse mon histoire. Celle-ci est enracinée dans mon vécu, pour toujours…

Maintenant que les études sont terminées, puis-je aller de l'avant ? Ai-je enfin la force et le courage de pardonner définitivement à ma mère ? Est-ce que le temps passé a enfin cicatrisé mes blessures ?

Ai-je retrouvé l'équilibre ? Une certaine joie de vivre ? Suis-je heureuse ? Puis-je enfin me projeter vers une vie de femme en harmonie avec ma profession de médecin ?

Seul le temps me donnera la réponse.

*Elle m'a dit*
*Elle a dit justement*
*C'est ce que je voudrais savoir*
*Et j'ai dit*
*Viens t'asseoir dans la cabane du pêcheur*
*C'est un mauvais rêve, oublie-le !*
*Tes rêves sont toujours trop clairs*

*Ou trop noirs*
*Alors, viens faire toi-même*
*Le mélange des couleurs*
*Sur les murs de la cabane du pêcheur*
*Viens t'asseoir*
***La cabane du pêcheur ; Francis Cabrel***

**4**

*Je suis entré dans l'église*
*Je n'y ai vu personne*
*Que le regard éteint du plâtre des statues*
*Je connais un endroit*
*Où il y a rien au-dessus*
*Je pense encore à toi*
**Je pense encore à toi ; Francis Cabrel**

**Quinze ans plus tard.**
**Janvier 2005**

Toutes ces années écoulées depuis mon adolescence m'ont donné du temps pour cicatriser certaines de mes blessures, mais pas les plus profondes. Ce sont celles que j'aimerais gommer pour toujours. Malheureusement, elles sont là, toujours prêtes à ressurgir au moindre signe du quotidien imprévu de la vie. Ce sont celles de mon subconscient qui restent à jamais ancrées en moi, dans mon corps et dans mon âme.

Si je pouvais refaire le chemin à l'envers, je n'accepterais pas d'aller à cette nuit du Bac. Je n'aurais ainsi jamais rencontré Xavier et je n'aurais jamais fait l'amour avec lui. Hélas, ce n'est pas possible. Le passé reste le passé et ne se refait pas. J'étais si jeune et immature à l'époque. Je ne savais rien de la vie et de ses dangers.

En octobre prochain, je fêterai mes trente-trois ans. Quelques mois après avoir obtenu mon diplôme, j'ai eu la chance de trouver un poste de médecin hospitalier salarié à Cherbourg, puis j'ai emménagé dans un petit appartement en location tout près de l'hôpital.

Après quelques aventures amoureuses sans intérêt, j'ai fait la connaissance de Paul, jeune médecin de mon âge, avec qui j'ai vécu pendant plus de cinq ans. Les premières années de vie commune furent harmonieuses et sans nuages. Nous nous entendions parfaitement bien. J'aimais son côté protecteur, attentionné et optimiste sur la vie de couple.

Paul se projetait avec moi vers un futur durable. Malheureusement, lorsque ce dernier a envisagé de faire un enfant, j'ai ressenti un certain malaise à l'idée de devenir mère. Je ne me sentais pas prête, inconsciemment à cause de cet avortement qui ne voulait pas quitter mon mental.

Notre relation s'est lentement dégradée, puis achevée à cause de mes réticences, car Paul voulait absolument devenir père, ce que je ne remettais pas en cause. Nous sommes restés amis, puis il a rapidement rencontré son épouse actuelle avec qui il a eu deux enfants adorables.

Ainsi va la vie…

Maintenant, j'exprime l'envie de prendre un nouveau départ. Pendant toutes ces années, j'ai réussi à épargner suffisamment pour ouvrir mon propre cabinet de médecin généraliste, mais pas en Normandie. J'éprouve le désir et le besoin de m'éloigner de Querqueville, certainement pour prendre de la distance vis-à-vis de ma mère et d'Angèle.

Pourtant très amoureuse du Cotentin, pour son côté sauvage, apaisant et surtout ses plages magnifiques, je désire vivre ailleurs, afin d'ouvrir une nouvelle page de ma vie et d'échapper aux mauvais souvenirs. J'en veux encore à ma mère de ne pas m'avoir soutenue dans cette épreuve éprouvante vécue si jeune.

Malgré toutes ces années, la douleur s'est atténuée, mais mon sentiment de culpabilité qui normalement devrait être effacé avec le temps est encore présent. Il ressurgit par moments, comme ça, telle une mauvaise surprise, souvent lors d'un cauchemar.

Après mûre réflexion et surtout pas mal de recherches, je prends la décision de m'installer en région parisienne. Je profite du départ en retraite d'un médecin généraliste pour reprendre son cabinet médical. Ce cabinet se trouve dans la ville de Plaisir, située dans les Yvelines, à quarante minutes de Paris. J'ai aussi la chance de pouvoir louer le petit appartement situé juste au-dessus du cabinet et de garder la patientèle de ce médecin.

Nous sommes en janvier 2005. Avoir cet avantage ouvre un nouveau chapitre à ma vie, j'espère plus heureux. J'apprécie le choix que je viens de faire, en espérant de tout cœur que c'est un bon choix.

Après avoir redonné un petit coup de jeune au cabinet – toute seule, selon mon propre goût –, surtout à la salle d'attente, avec des coloris clairs et harmonieux, des sièges tout neufs, un endroit pour les enfants avec des livres et des jouets pour les petits, je me sens capable de relever ce nouveau défi. Je ressens un peu d'appréhension, je dois le reconnaître, pourtant je suis impatiente d'exercer.

La secrétaire, âgée de cinquante-huit ans, a choisi de prendre une retraite anticipée. Pour commencer, je vais devoir me débrouiller toute seule, en prenant les rendez-vous hors de mes horaires de consultation. Par la suite, j'aviserai, en fonction de mes finances.

C'est déjà le mois de mars, le printemps fait son apparition. Cela fait trois mois que je suis installée à Plaisir. J'aime mes nouveaux repères.

Bien sûr, je travaille énormément et je préfère ne pas compter mes heures de présence au cabinet, mais cela me convient parfaitement, car je m'épanouis dans ma profession que j'adore. De plus, je me sens bien dans mon statut de célibat, libre et indépendant. Je ne regrette pas ma vie de couple avec Paul. Son désir d'être père me pesait terriblement.

Ma jeune sœur Floriane, âgée de vingt-cinq ans, vient de trouver un emploi, suivi très rapidement d'un CDI, dans une grande agence immobilière de Cherbourg. Après son Bac, elle a suivi une formation en immobilier durant deux ans. Motivée, déterminée, elle a obtenu son BTS Professions Immobilières sans aucune difficulté. Ensuite, elle a trouvé un petit appartement en location pas loin de son travail et également à proximité du domicile de nos parents.

Floriane leur rend très souvent visite et apprécie de déjeuner avec eux quand ses horaires le lui permettent. Notre père est désormais en retraite. J'essaie de me libérer certains week-ends pour savourer sa présence, car il m'a beaucoup manqué durant mes jeunes années. Il était trop souvent loin du foyer à cause de son statut de militaire.

Malgré mon père à la maison, ma mère Louise consacre encore ses journées dans des associations catholiques, des œuvres caritatives, toujours en présence de son amie Angèle. Les deux femmes aident le curé de la paroisse dans beaucoup de tâches, dont la préparation des messes hebdomadaires. Elles se font un plaisir de choisir et chanter les cantiques religieux pendant les célébrations. Elles donnent aussi beaucoup de leur temps pour des cours de catéchisme aux enfants le mercredi après-midi. Mon père Henri ne comprend pas bien cet engouement pour la religion catholique, car lui-même ne croit en aucun Dieu. Il peut ainsi profiter pleinement de sa passion, la pêche et les sorties en mer avec son bateau dont il est si fier.

J'ai eu la chance de faire la connaissance d'un confrère, devenu un ami, Phil – le docteur Philippe Dumont – lors d'une soirée entre médecins. Ce dernier accepte de recevoir mes patients quand je m'absente. Son cabinet médical se trouve à environ huit cents mètres du mien. La cinquantaine épanouie, bon vivant, il ne semble pas avoir trop souffert de son divorce. Père de deux grands fils, propriétaire d'une belle maison dans la vallée de Chevreuse, située à vingt minutes de son lieu de travail, nous avons très rapidement sympathisé. Sans cette différence d'âge entre nous, je pense que nous aurions pu nous projeter vers une relation plus intime, car j'apprécie beaucoup le charisme de cet homme, sa séduction naturelle, son humour. Je sais que je lui plais énormément et que lui ne m'aurait pas demandé de devenir mère. Hélas, ces vingt ans d'écart me gênent. Nous demeurons des amis, des confrères, rien de plus.

De son côté, mon amie Mathilde – avec qui j'ai passé mon Bac et effectué ma première année de médecine – est tombée follement amoureuse de Clément. Tous les deux se sont rencontrés pendant leurs études et sont désormais infirmiers libéraux. Le jeune couple, attiré par le soleil du Midi, s'est installé à Nice. Malgré tout, Mathilde et moi sommes restées en contact et nous nous appelons régulièrement.

Le mercredi matin, j'accueille les patients sans rendez-vous. Les autres jours, c'est-à-dire le lundi, le mardi, le jeudi et le vendredi, je ne consulte du matin au soir que sur rendez-vous. Je n'ai toujours pas les moyens d'embaucher une secrétaire et j'essaie de me gérer ainsi seule. Les mercredis après-midi et les week-ends me sont consacrés à du repos bien mérité. Les semaines demeurent fort chargées en travail. S'il y a de véritables urgences, mon répondeur invite les patients à contacter les médecins de garde ou à se rendre vers l'hôpital le plus proche.

Ce lundi après-midi, dans la salle d'attente, monsieur Louis, patient que je connais depuis peu de temps, est déjà arrivé, accompagné d'une jeune fille. Tous deux s'installent face à moi.

— Bonjour monsieur Louis. Que vous arrive-t-il ?

— Je viens pour ma fille Mya, qui aura quatorze ans en mars prochain.

— Je vous écoute.

— Ma femme et moi venons de divorcer. J'ai la garde de ma fille une semaine sur deux. Depuis quelques semaines, Mya se plaint de douleurs dans la poitrine. Elle me dit qu'une « boule » lui fait mal à droite. Je suis inquiet.

— Installe-toi sur le divan d'examen, Mya. Tu enlèves ton tee-shirt. Je vais t'examiner.

J'ausculte méthodiquement la jeune fille avec la plus grande attention. Je prends sa tension, je note sa taille et son poids que j'inscris dans son dossier médical. Ensuite je palpe son ventre, puis j'annonce le verdict.

— Tout va bien. Votre fille entame sa puberté. Cette « boule » est la naissance de ses futurs seins. Elle risque d'avoir ses premières règles très prochainement. Est-elle informée ?

— Je crois que sa mère lui a expliqué.

— C'est très bien, mais prévoyez aussi des protections si cela lui arrive chez vous.

— Merci docteur. Je vais acheter ce qu'il faut.

Quand monsieur Louis et sa fille quittent le cabinet, je me prends la tête dans les mains, mon cœur se met à battre à toute vitesse. Une vive douleur me parcourt le corps. Cette fameuse douleur que je voudrais renier, mais qui ressurgit quand je ne m'y attends pas, parce qu'elle est terriblement enracinée en moi, parce qu'elle me poursuivra encore très longtemps.

Mon enfant, mon propre enfant, si je l'avais laissé grandir dans mon ventre, serait né également en mars 1991. Mon enfant, s'il avait vécu, aurait quatorze ans cette année, comme la petite Mya.

Ce bébé qui n'a pas eu la chance de vivre ne quitte jamais mes pensées, malgré tous mes efforts pour oublier. C'est plus fort que moi. Je ne peux effacer totalement de mon âme mon adolescence brisée.

Mais la vie doit continuer, c'est ainsi.

Le soir venu, allongée sur le grand canapé de mon salon, je parcours une revue médicale quand mon portable sonne. Il s'agit de mon amie Amélie.

J'ai fait la connaissance d'Amélie lors d'une rencontre avec les parents d'un jeune enfant autiste, afin de le guider vers une école adaptée. Nous avons sympathisé lors de cette rencontre. Psychologue indépendante, jolie brune de trente-cinq ans, elle semble célibataire comme moi. Son père Rémi est psychiatre à son compte à Plaisir. Sa mère Sylvie s'occupe de prendre les rendez-vous, d'accueillir les patients et de gérer la partie secrétariat.

Son unique frère aîné Julien est marié à Florence. Tous deux sont professeurs de maths dans un lycée de Plaisir. Ils sont parents de jumelles âgées de douze ans, Emma et Rose. Ses deux nièces sont ses deux petits soleils, les enfants qu'elle n'aura pas, car elle ne désire pas devenir mère. C'est son choix.

Nous devenons amies inséparables très rapidement. Au fil des jours, nous nous trouvons de nombreux points communs. Nous avons pratiquement les mêmes goûts, qu'ils soient littéraires, musicaux ou artistiques. Nous aimons notre liberté et surtout, nous sommes passionnées par nos professions. Quand notre emploi du temps nous le permet, nous faisons beaucoup d'activités ensemble.

Je réponds à Amélie.

— Bonsoir Virginie. Ça te dirait un petit resto avec moi ce soir, *Au P'tit Plaisir* ? C'est à deux minutes de chez toi, on peut s'y rendre à pied. Je sais que c'est ouvert le lundi soir.

J'hésite un moment, car je n'aime pas sortir le soir, surtout en semaine. Pourtant, cette fois, la solitude me pèse beaucoup plus que d'habitude. Avoir rencontré la petite Mya m'a perturbée. Je finis par accepter.

— Pourquoi pas ?

— Alors à vingt heures devant l'entrée du restaurant ?

— À tout de suite.

Je change de vêtements très rapidement. J'abandonne ma tenue stricte de femme classique pour une tenue plus moderne. Je choisis une jolie robe fleurie et des escarpins noirs classiques.

Quand je suis fin prête, devant le miroir, je ne me trouve pas trop mal. Mes longs cheveux dorés tombent sur mes épaules. Mes yeux marron vert éclairent mon visage au teint trop terne. J'ai juste envie de souligner le contour de ma bouche avec un gloss brillant. Si tout allait bien dans ma tête, que la vie serait belle !

Il fait très doux. Le printemps pointe son nez. J'ai envie de penser à autre chose qu'à mon travail et mes patients.

— Bonsoir ma petite Virginie ! Comment vas-tu ?

— Ça va, comme d'habitude. Merci pour ton invitation, cela va me changer les idées.

— Pourquoi les idées ? Celles-ci ne sont pas bonnes ?

— Bof ! La routine…

Je n'aime pas entendre ces questions de mon amie qui me rappellent sans cesse pourquoi je suis ainsi. Elle ne sait rien de mon passé, à part quelques anecdotes banales. Elle ne peut pas deviner pourquoi je suis mal dans ma peau. Pour une jeune femme comme moi ayant tout pour être heureuse, ce n'est pas normal de me voir ainsi souvent triste et solitaire.

Il paraît que je suis féminine, attirante et séduisante, mais le regard des hommes sur moi se heurte à un mur froid d'indifférence. J'aimerais changer, évoluer, mais je n'y arrive pas. Je ne pense qu'à ma profession et à mes patients. C'est très rare quand j'accepte de sortir en discothèque ou au restaurant. Je voudrais tant retrouver le bonheur d'une vie sans remords. J'aurais besoin d'un lavage de cerveau.

Je reconnais que cela me ferait tant de bien d'avoir un compagnon, un homme gentil et attentionné qui serait là juste pour m'aimer telle que je suis. J'aimerais tant vivre le temps présent sans me torturer en permanence. Je me dis aussi que j'ai encore le temps, et que je voudrais faire le bon choix, mais hélas, le temps passe vite…, trop vite.

Amélie aimerait en savoir plus sur mon passé et surtout sur mes jeunes années, mais je ne veux pas me dévoiler. Je me ferme comme une huître quand elle aborde le sujet.

Psychologue, elle se doute certainement que quelque chose me tourmente, que j'ai dû vivre des moments douloureux auparavant et que j'ai certainement des choses à dire, mais je ne suis pas prête à me confier.

J'apprends qu'Amélie fréquente depuis plusieurs années un homme d'une quarantaine d'années prénommé Antoine. C'est un chirurgien de renom, divorcé et père d'un fils étudiant en droit. Malgré son attirance pour elle, il ne veut pas quitter sa région de Marseille où il exerce à l'hôpital de la Timone. Tous deux se retrouvent de temps en temps. Cette situation lui convient parfaitement, car son indépendance et sa liberté sont ses priorités, d'autant plus avec son choix de ne jamais devenir mère.

Nous choisissons une pizza aux quatre fromages accompagnée d'une salade verte, avec une bouteille de rosé bien frais. Voulant conserver notre ligne, nous ne faisons jamais d'excès lors des repas.

Quand l'heure du café arrive, mon portable vibre. Par réflexe, je regarde. C'est ma mère. Comme il est vingt-trois heures et que celle-ci n'appelle jamais à des heures aussi tardives, je pense qu'elle a composé mon numéro par mégarde. Cependant, quelques secondes plus tard, celle-ci appelle de nouveau. Inquiète, je réponds.

Ces mots-là sont insoutenables...

Alors mon visage se fige instantanément. Quand je raccroche, je ne peux exprimer aucun mot. C'est la stupeur. L'émotion est trop violente. Amélie me fixe, stupéfaite.

— Que se passe-t-il ? Dis-moi...

— ...

— Parle !

— C'est mon père... Il est... mort... Il s'est noyé en mer...

Je suis sidérée, sous le choc, incapable de réagir. Amélie rassemble rapidement nos affaires, règle l'addition puis me raccompagne à pied chez moi. Les silences sont mortels. Je n'arrive même pas à exprimer ma douleur. C'est un cauchemar.

— Je dois m'y rendre très vite…

— Il est trop tard ce soir. Tu ne peux pas prendre la route dans cet état de choc. Nous avons un peu trop bu également.

— Tu as raison. Je partirai demain matin dès six heures. Peux-tu demander à Phil de prendre mes rendez-vous ? Je vais basculer ma ligne sur la sienne.

— Bien entendu, je m'occupe de tout. Sois prudente sur la route demain. Ce serait bien que tu prennes un tranquillisant ce soir.

— Je vais tenter de rappeler ma mère, pour connaître les circonstances exactes de ce drame. Je ne réalise pas encore. C'est terrible !

— Tu vas avoir besoin de courage. Ce décès est si brutal !

Je rappelle, j'insiste, mais ma mère ne répond plus. Mon cœur bat la chamade. Elle doit être en proie à la panique. Heureusement que Floriane n'habite pas loin de chez elle et qu'elle est présente ce soir pour la soutenir dans cette terrible épreuve.

Heureusement…

Je tente une dernière fois de rappeler. Cette fois-ci, c'est Floriane qui décroche. Je l'entends sangloter. Elle peut juste émettre ces quelques mots.

« Viens vite »

Je raccroche. Je me déshabille rapidement, je m'affale sur mon lit et j'observe le plafond. Tout est confus dans mon mental. Je n'ai même pas la force de pleurer…

Il est minuit, il faut que je dorme, mais je ne trouve pas le sommeil. Je me décide à avaler un tranquillisant, puis à écouter en sourdine un peu de musique, le seul remède qui me fait du bien quand tout va mal.

Le médicament fait enfin son effet. Mon corps se détend doucement et le sommeil finit par me gagner…

*Je lui ai dit*
*Le monde est pourtant pas si loin*
*On voit les lumières*
*Et la terre peut faire*
*Tous les bruits qu'elle veut*
*Y'a sûrement quelqu'un qui écoute*
*Là-haut dans l'univers*
*Peut-être tu demandes plus qu'il ne peut*
***La cabane du pêcheur ; Francis Cabrel***

# 5

*C'est parfois grâce à nos erreurs qu'on construit notre vie.*

**Bernadette Steenaert**

**Mardi matin, neuf heures.**

J'avale un petit déjeuner complet avec un bol de café corsé puis je me prépare rapidement. Je prévois quelques affaires attrapées sans trop réfléchir dans mon dressing puis je m'installe dans ma voiture, prête à affronter les trois cent cinquante kilomètres qui me séparent de Querqueville. Il faut que je reste concentrée sur la route. Ce n'est pas le moment de faire un excès de vitesse.

Je suis toujours sous le choc, incapable de réaliser totalement cette terrible nouvelle. Le fait de conduire et d'être dans l'action atténue ma faculté de penser. Je suis pleinement consciente que je vais m'effondrer en arrivant, mais je ne veux pas anticiper. Je me sens vide, incapable de pleurer et de faire ressortir mon désespoir.

Je suis tellement inquiète pour ma mère. Que va-t-elle devenir sans mon père ? À soixante-cinq ans, il n'était en retraite que depuis six ans. Trop souvent absent durant sa carrière militaire, il avait enfin retrouvé ses repères, soit le bonheur de vivre sereinement auprès de ma mère, malgré toutes ses occupations pour l'église. De nouveau réunis, ils semblaient en totale harmonie.

Mon père avait gardé le goût de la mer. Il avait acheté un bateau pêche promenade. Il aimait pêcher au large de Barfleur, petite ville côtière, située à trente-cinq kilomètres de son domicile. Barfleur est la plus petite ville du département de la Manche, mais l'un des plus beaux villages de France. Il adorait cet endroit. Il aimait se sentir au cœur de l'océan quand il se retrouvait seul au monde le temps de quelques heures.

Pendant ce temps, ma mère se consacrait à ses passions consacrées à l'église, mais malgré cela, mes parents avaient retrouvé un très bel équilibre de vie à deux.

Il était vivant. Il était parmi nous…


Treize heures. Je sonne à la porte d'entrée de la maison. C'est Angèle qui me répond.

Angèle, encore et toujours…

— Bonjour Angèle. Ma mère et ma sœur sont-elles là ?

— Je me permets de vous adresser toutes mes sincères condoléances Virginie.

— Merci.

— Non, elles sont déjà parties se recueillir devant le corps de votre père, avant l'inhumation. Il repose en paix dans la chambre mortuaire du centre hospitalier de Cherbourg.

— Comment est-il décédé exactement ?

— Pendant une sortie en mer. Son bateau s'est retourné à cause de la grosse tempête. Vous connaissez le caractère têtu de votre père. Il est parti naviguer malgré les mauvaises conditions météo. C'est un miracle que son corps ait été retrouvé si rapidement par les sauveteurs en mer.

Je sens la détresse m'envahir. Je serre les dents, car je ne veux pas m'écrouler, surtout pas devant Angèle que je n'aime pas.

— Je vous prépare un café ?

— Non merci, Angèle. Je ne peux rien avaler pour le moment. Je prends juste le temps de poser ma valise, de me rafraîchir et je vais les retrouver.

— Je comprends, Virginie. C'est terrible ce qui arrive à votre famille. Je vais prier pour vous.

— Ce n'est pas nécessaire… Vos prières ne changeront rien.

— Vous n'êtes pas croyante ?

— Je n'ai jamais cru en Dieu, mais priez quand même…

Une prière de plus ? Pourquoi pas ?

Quand je me présente devant le corps sans vie de mon père, je réussis à garder mon sang-froid. Je me penche sur lui, je l'embrasse sur son front tout froid, mais je garde mes larmes à l'intérieur, celles qui font le plus mal.

Ma mère sanglote de plus belle. Elle est désespérée. Jamais de ma vie je ne l'ai vue se laisser aller ainsi, au désespoir, mais aussi à l'amour. Sa carapace de femme fermée aux sentiments se liquéfie. Elle est effondrée.

Elle lève les yeux vers moi, vers Floriane, vers Angèle, vers les autres, mais elle n'y trouve rien, seulement du vide. Son Dieu n'est même plus là pour la soutenir.

Dieu est tellement habitué à la mort des humains…

Je me dirige vers elle et je l'entoure de mes bras. Elle se laisse faire. Je la serre très fort puis j'entends un faible murmure de sa part. Elle émet ces mots que j'attends depuis si longtemps, qu'elle « m'aime ». Je suis encore plus émue.

La chaleur de cet instant fusionnel dans ce contexte dramatique m'arrache toutes les larmes contenues en moi. Je la serre encore plus fort. Son étreinte me fait du bien, la chaleur de son corps me rappelle ma tendre enfance, avant que les non-dits se placent entre nous.

Floriane assiste à la scène, bouleversée. C'est certainement la première fois qu'elle me voit aussi proche de ma propre mère. Il faut donc attendre de se trouver devant mon défunt père pour me rapprocher d'elle. C'est un moment très intense, terriblement émouvant pour nous deux.

Bien entendu, ma sœur ne sait rien de cette épreuve que j'ai subie pendant mon adolescence, à l'origine de ma profonde discorde avec ma mère. Seule Angèle est au courant. Mon cher père est parti sans connaître mon lourd secret.


L'enterrement a lieu le mercredi après-midi dans la petite église de la ville. De son vivant, mon père avait choisi la crémation. Nous avons respecté son choix. Après la cérémonie religieuse, puis les condoléances, les amis de la famille quittent les lieux, les visages tournés vers le sol, silencieux.

De retour à la maison, Floriane prépare un petit repas léger bien que personne n'ait vraiment faim.

— Il faut manger, maman, sinon tu ne vas pas tenir le coup, insiste Floriane.

— Son décès a été si brutal, je ne réalise pas. Je suis désemparée.

— Le deuil va prendre beaucoup de temps, dis-je.

— Ne t'inquiète pas, ma petite maman, je vais revenir vivre chez toi le temps de faire toutes les démarches administratives, et surtout pour que tu ne sois pas toute seule.

— C'est gentil, Floriane. Il est vrai que de me retrouver sans votre père dans cette grande maison va être très difficile ces jours-ci.

— Je comprends maman. Il va te falloir du temps, beaucoup de temps…

Le dîner se passe dans le silence, dans la pudeur des pensées d'amour pour le père et pour le mari disparu. De temps en temps, je regarde ma mère discrètement. Son regard tourné vers moi semble avoir changé. Malgré son chagrin, elle doit se sentir apaisée que le dialogue soit enfin rétabli entre nous.

Je n'arrive pas à identifier réellement mes sentiments. Ce n'est pas du pardon que je ressens à ce moment dans ces instants douloureux. C'est juste un fort ressenti d'empathie, de compassion, d'immense tristesse mêlée d'une sensation de gâchis et surtout beaucoup d'appréhension pour les jours à venir sans notre cher père.

Après le repas, notre mère demande à se reposer dans le silence de sa chambre. Elle est épuisée. Elle a certainement besoin d'être un peu seule afin de prendre pleinement conscience de la douloureuse réalité.

Floriane et moi remettons tout en ordre, mais nous n'avons que des banalités à échanger. Les mots sont difficiles, pourtant il faut meubler ces instants douloureux. Ce n'est pas facile après une telle épreuve.

— Heureusement que maman se passionne pour ses associations caritatives avec son amie Angèle. Cela va l'aider à surmonter la mort de papa.

— Oui, c'est une bonne chose qu'elle se dévoue pour ce genre d'activités. Que serait-elle sans son Angèle ? dis-je, avec un ton légèrement ironique.

— J'ai l'impression que tu n'apprécies pas beaucoup cette femme ? Pourquoi ?

Surprise par sa réaction, je réponds.

— J'ai mes raisons… Ce serait trop long à t'expliquer, surtout ce soir.

— Très bien, je n'insiste pas.

Quelques instants équivoques envahissent la pièce, puis je continue.

— Je vais dormir ici ce soir, mais je dois repartir demain matin. Comme je débute, je ne peux pas m'absenter trop longtemps de mon cabinet médical. Ma patientèle n'est pas acquise. Je dois établir une relation de confiance entre mes patients et moi. Cela demande du temps.

— Bien sûr, je comprends. Ne t'inquiète pas pour maman et moi. Je vais m'occuper des remerciements, des démarches administratives et surtout des affaires de papa à trier. Ce sera très difficile. Maman en serait incapable toute seule.

— C'est gentil Floriane.

La soirée est pesante, chargée de pudeur. Nous ne savons pas que dire. Nous ne réalisons toujours pas le drame qui vient de se produire. Nous nous raccrochons à des sujets ordinaires parce que la vie doit continuer.

Il est tard, pas loin de minuit, mais nous ne pouvons pas aller nous coucher maintenant. Le sommeil ne viendrait pas.

— Je te prépare une tisane apaisante ?

Je grimace, car une boisson plus forte me ferait plus de bien.

— Je préférerais un verre de vin ; pas toi ?

— Pourquoi pas du vin ? Je vais chercher une bouteille et deux verres.

Pendant ce temps, je m'installe dans le canapé et j'évite de penser à ce drame. J'ai envie de parler avec Floriane, de tout et de n'importe quoi, mais de parler.

— Sinon, ça va bien ton travail ?

— De mieux en mieux. L'immobilier me passionne.

— Tant mieux. C'est important de faire un métier que l'on aime. Comment est l'ambiance à l'agence ?

— Elle est parfaite. Je travaille avec trois collègues masculins très sympathiques.

Nous avalons notre deuxième verre de vin, sans même nous en rendre compte. Je sens bien que ma sœur est fatiguée, mais elle a envie de se confier, alors je l'écoute.

— De plus, j'ai un patron extraordinaire. Il est dynamique, super sympa et plutôt mignon.

— Il est célibataire ?

— Il semble que oui. J'ai posé la question à mes collègues, par simple curiosité. Même s'il a une amie, il n'est pas marié et n'a pas d'enfants.

— Tu ne serais pas un peu amoureuse de lui ?

— Peut-être, mais le décès de papa va me remettre en question. Maman est ma priorité.

— Bien sûr, mais tu sais, la vie continue malgré la disparition de papa. Tu as le droit d'être heureuse. Si cet homme te plaît, ce serait bien que tu fasses le premier pas.

— Ce n'est pas facile, Virginie. De plus, c'est mon patron.

— Je comprends. Tu ne l'idéalises pas un peu trop ?

— Je ne sais pas. Je ne connais rien de sa vie privée, mais je fais une fixation sur lui. Il me trouble énormément. Je pense que c'est terrible de subir une telle attirance immodérée pour un homme, certainement pour des chimères.

— Ce ne sont peut-être pas des chimères. Vous devriez vous parler, vous donner un rendez-vous hors milieu professionnel.

— Je sais tout cela, mais je n'ai pas le courage pour le moment. J'attends…

— Vous pouvez attendre longtemps ainsi tous les deux.

Je sais que j'insiste trop, mais ce que m'a fait endurer ma mère quand j'étais adolescente me rend parfois irréfléchie. J'aimerais tant que ma sœur soit amoureuse et profite de sa jeunesse sans soucis. Si elle pouvait aimer sa vie de jeune femme comme elle le mérite !

— J'en suis consciente, mais c'est plus facile à dire qu'à réaliser.

— C'est dommage, car tu passes peut-être à côté de ton bonheur. Bien sûr, je serais aussi paralysée que toi si cela m'arrivait. Je n'ai pas le droit de te juger…

— Il me plaît tellement que j'en perds mes moyens devant lui.

— Sois courageuse, mais ne passe pas à côté du bonheur. Il est vrai que c'est ton patron avant tout, mais ce n'est pas un argument pour ne pas le connaître davantage.

— Je sais, c'est mon patron, mais c'est surtout un homme rigoureux, perfectionniste et à l'écoute comme j'aime. Si tu le connaissais, tu le trouverais très sympathique.

— Sois prudente tout de même.

— Je le serai, ne t'inquiète pas.

La bouteille de vin est vide. Le ton entre nous est léger. La tension de ce drame vécu toute cette journée retombe un peu.

L'horloge du salon affiche une heure du matin. La fatigue est immense. Avant d'aller dans notre chambre, Floriane et moi allons vérifier que notre mère s'est bien endormie. Elle a accepté le tranquillisant que je lui ai donné quelques heures auparavant. Elle respire doucement, nous sommes rassurées.

Le lendemain matin, dès six heures, après le petit déjeuner, je repars sans tarder vers Plaisir. Après avoir embrassé chaleureusement Floriane, car ma mère dort encore, je m'en vais.

J'installe ma playlist de Francis Cabrel dans la voiture afin de me changer les idées, car les silences seraient trop lourds de chagrin pendant ces quatre heures de route que je ne peux pas éviter. Mon travail m'attend ainsi que mes patients. Je n'ai pas le choix.

La vie est ainsi…

*J'aurais dû me méfier*

*Des vents qui tourbillonnent*

*De ces pierres qui taillent*
*Cachées sous l'eau qui dort*
*De ces bouts de ruisseaux*
*Qui deviennent des ports*
*Je pense encore à toi*
*On m'avait dit que tout s'efface*
*Heureusement que le temps passe*
*J'aurais appris qu'il faut longtemps*
*Mais le temps passe heureusement*
*Heureusement*
***Je pense encore à toi ; Francis Cabrel***

# 6

*J'ai croisé le mendiant*
*qui a perdu sa route*
*Dans mon manteau de pluie,*
*je lui ressemble un peu*
*Et puis j'ai ton image*
*plantée dans les yeux*
*Je pense encore à toi*
**Je pense encore à toi ; Francis Cabrel**

*« La plage s'étendait à perte de vue. Les rayons du soleil coloraient le sable fin d'un filet d'or et inondaient l'océan de reflets scintillants nuancés entre le vert et le bleu. Il faisait beau, il faisait chaud. La petite fille était assise sur le bord de cette plage et tentait de capturer avec ses mains les vaguelettes qui s'échouaient doucement sur le rivage. Sa grande sœur s'amusait à sauter dans l'eau pour éviter les plus grosses vagues. Leur père nageait quelques mètres plus loin. Les*

*rires joyeux résonnaient comme un hymne de bonheur dans ce moment d'harmonie familiale.*

*Soudain, une vague monstrueuse surgie de nulle part emporta leur père vers le large. Elles hurlèrent Papaaa..., mais c'était trop tard. La plage était déserte. Personne n'entendit cet appel au secours. Les deux petites se mirent à pleurer. Elles se serrèrent l'une contre l'autre, terrifiées. En quelques secondes, l'homme avait disparu dans cet immense océan... »*

Je me réveille en transe. Je viens de faire un cauchemar aussi réel qu'épouvantable. Mon portable affiche trois heures et je sais que je ne pourrai pas me rendormir. Je n'ai pas envie de me lever maintenant et pourtant je n'ai pas envie de rester couchée. Je n'ai pas envie de penser. En fait, je n'ai envie de rien. Je tourne et me retourne dans mon lit jusqu'au petit matin.

La silhouette, le visage et la voix de mon père m'obsèdent. Il me manque terriblement. Je sais bien que ces moments vont me poursuivre pendant de longues semaines, voire des mois et des années. Pourtant, il faut que je fasse preuve de courage. Il ne reviendra pas, seulement dans mes rêves nocturnes. Je dois accepter son décès et poursuivre le chemin de ma vie de manière sereine, en me remémorant les bons moments passés avec lui. Je n'ai pas le choix. C'est une fatalité qu'il faut accepter.

À presque trente-trois ans – cet âge idéal où la plupart des femmes sont heureuses dans leur vie de couple et de maman –, à part mon travail, je n'ai aucun véritable désir. Ni celui de trouver un compagnon ni celui de devenir mère ni de changer mon quotidien rassurant qui m'empêche de ressasser le passé.

Bien que ma mère et moi soyons en partie réconciliées, bien que je parvienne enfin à ne plus faire une fixation sur son manque de soutien lors de mon avortement, tout n'est pas réglé dans mon mental pour autant. Rien ne sera jamais comme avant. La douleur profondément ancrée en moi est toujours là, atténuée certains jours, mais prête à se révolter d'autres jours.

Maintenant, mon père est mort. Je n'aurais plus jamais l'occasion de lui dire pourquoi je fus si distante de ma mère durant mon adolescence et par la suite, ma vie de jeune femme. Pourquoi je prétextais toujours trop de travail pour venir leur rendre visite certains jours où je pouvais me libérer et surtout pourquoi je fuyais les face-à-face familiaux. Pourquoi je me montrais toujours si froide envers mes proches. Pourquoi je n'aimais pas la présence permanente d'Angèle à la maison.

Maintenant, il est trop tard, il ne connaîtra jamais la vérité…

Aujourd'hui, la journée est bien chargée en rendez-vous, car certains de mes fidèles patients ont préféré attendre mon retour pour venir me consulter. Ces gens semblent m'apprécier de plus en plus. Cela me donne du baume au cœur. Je ne regrette pas mon choix de vivre ici, à Plaisir, ville où je me plais beaucoup.

Les jours passent et se ressemblent. Les saisons également. L'automne qui vient d'arriver pare les feuilles des arbres des allées de la ville de belles couleurs de brun, rouge et orangé.

Récemment installée, j'ai préféré ne pas fermer mon cabinet pendant les mois d'été, mais j'ai pris le temps de rendre visite à ma mère et à Floriane certains week-ends.

Ma mère va mieux ; elle s'est adaptée à sa nouvelle vie sans son mari, toujours proche de son amie Angèle. Floriane, de son côté, travaille toujours dans la même agence immobilière, mais n'aborde plus le sujet de son attirance pour son patron. Je ne lui pose aucune question, car c'est un sujet délicat.

Au mois de juillet, Amélie est partie une quinzaine de jours chez son ami Antoine, dans le sud de la France. Cette relation à distance leur convient parfaitement. Elle semble heureuse et de plus en plus épanouie.

Il n'y a pas un jour sans que je pense à mon père. Pourtant, depuis son décès brutal, je me remets en question. Le temps passe et j'ai le sentiment de stagner. J'aimerais tant parler de mon passé à une personne de confiance. J'ai tant de choses à dire, à évacuer, mais vers qui me tourner ?

En ce lundi de septembre coloré de gris, à la pause de midi, ma décision est prise. Je pense à Amélie et il se produit comme un déclic en moi.

Je suis enfin décidée à lui parler, à me confier sur tout, à aborder enfin le sujet qui mine mon quotidien. Je ressens le besoin vital d'avoir le soutien d'une personne de confiance qui pourra m'aider.

Amélie est psychologue et il s'agit de mon amie. Alors, pourquoi se compliquer la vie et attendre encore ? N'est-il pas temps que le mal qui me dévore me laisse enfin en paix ? C'est maintenant que je dois essayer de changer. Je me sens prête.

Je l'appelle. Celle-ci me répond aussitôt.

— Bonjour, Amélie. Je ne te dérange pas ?

— Pas du tout. Comment vas-tu ? Ce n'est pas trop difficile d'assumer seule ta profession après une telle épreuve ?

— Non, car cela m'empêche de me focaliser sur mon chagrin. Je dois absolument me concentrer sur mes patients et mes diagnostics. C'est une priorité. Si je t'appelle aujourd'hui, c'est pour un problème plus intime. Je crois que je vais avoir besoin de ton aide.

— T'aider à quel sujet ?

— En fait, c'est assez compliqué. C'est au sujet de beaucoup de choses concernant mon adolescence. Je pensais m'en sortir toute seule, mais le décès de mon père m'a ouvert les yeux. Je n'y parviens pas. Je me sens perdue dans cette solitude morale.

Un ange passe, un silence l'accompagne.

— J'avais bien deviné que tu avais subi quelque chose de grave durant ta jeunesse, mais c'était à toi de l'évoquer. Pour progresser dans ta vie future, tu dois déjà prendre conscience toute seule de tes problèmes anciens et essayer de les enterrer dans un coin de ton vécu. C'est essentiel pour avancer dans la vie.

— J'en suis consciente, mais j'ai besoin de toi pour faire ce travail sur moi-même. Peux-tu passer ce soir chez moi après tes rendez-vous ?

— Bien sûr…

— Je vais réchauffer une pizza avec une salade verte et des crèmes brûlées en dessert. Tu sais bien que je ne suis pas très douée en cuisine. J'ai mis une bouteille de vin rosé au frais. Nous dînerons tranquillement et ensuite je te parlerai. J'ai tant de choses à te dire.

— Cela me convient. Je serai chez toi vers vingt heures.

— Merci, Amélie, à ce soir…

Je suis heureuse d'accueillir mon amie ce soir. Rien que sa simple présence me rassure. Elle est solaire, positive, radieuse…, elle me fait du bien.

Amélie est une jeune femme optimiste, malgré son parcours qui n'a pas été tendre pour elle non plus. Elle sait poser les bonnes questions et trouver les mots qui ont le pouvoir de rassurer. Elle sait redonner un sens à la vie, même quand celle-ci tente de nous briser en plein vol. Elle n'est pas devenue psychologue par hasard, car elle aime les gens naturellement.

Nous profitons de ce repas convivial entre amies, mais je préfère attendre le moment du dessert pour trouver les mots.

— Tu as apprécié ce petit repas, bien que tout simple ? dis-je.

— Bien sûr ! Je sais que tu n'aimes pas faire la cuisine ni confectionner les desserts.

— Quand on vit seule, on n'est pas très motivée.

— Pourtant, cela te ferait du bien de penser à autre chose qu'à ton travail.

— Tu me connais si bien… Maintenant, je dois te parler d'un sujet qui me mine depuis des années. En fait, cela remonte à mon adolescence. J'ai besoin de ton avis en tant qu'amie, mais surtout en tant que psychologue.

— Je t'écoute…

— Alors voilà…

Amélie écoute mes confidences, en posant quelques questions de temps en temps, mais en respectant mes hésitations. Elle me guide, elle est patiente.

Jamais elle n'aurait imaginé que j'avais subi un tel drame à seulement dix-sept ans et demi. Elle sait par l'expérience de sa profession que ce traumatisme est sournois, car il prend de plus en plus de place dans la conscience des femmes au fil du temps, alors que le temps est normalement là pour effacer les douleurs. Elle comprend alors mes changements d'humeur, mes regards tristes lorsque je suis devant des enfants, mon investissement dans le travail, mon désir de me replier sur moi-même, mon besoin de m'isoler dans ma bulle très souvent…

Maintenant, elle devine ma détresse et la respecte. Je m'exprime.

— Je ressens un immense sentiment de culpabilité que je n'arrive pas à dominer malgré le temps qui passe. Et surtout, j'en veux à ma mère, même si je me suis en partie réconciliée avec elle, de ne pas m'avoir laissé le choix de garder ou pas ce bébé. J'aurais aimé me confier avant cet avortement, exprimer mon désarroi. Je n'ai pas eu le courage de dire que j'étais enceinte au jeune homme concerné. Je le voulais, puis j'ai changé d'avis au dernier moment. J'ai vécu ce drame entièrement seule.

Amélie marque une pause, visiblement troublée.

— Je cerne mieux maintenant ta profonde mélancolie, ton refus d'être heureuse, comme si tu voulais te punir en permanence d'un acte que tu n'étais pas en mesure de contrôler. Dis-toi que des milliers de femmes comme toi gardent en elles de terribles souffrances qu'elles n'osent pas exprimer. Essaie d'imaginer ce que ressentent ces femmes quand ces avortements font suite à des viols ou à des incestes. Tu aurais dû en parler bien avant à un psychologue. Je pense que tu as attendu trop longtemps.

— Le décès de mon père a tout déclenché en moi.

— Cette charge émotionnelle devient trop forte et insupportable. Je vais t'aider à t'en sortir.

— Merci Amélie.

Il est déjà vingt-trois heures à la pendule du salon. Nous avons discuté longuement sans réaliser qu'il est vraiment très tard. Nous devons travailler le lendemain matin alors nous décidons de nous retrouver un autre soir.


Deux jours plus tard, toujours chez moi, devant un verre de porto et quelques douceurs à grignoter.

Amélie est pensive, puis prend la parole.

— J'ai beaucoup réfléchi à tout ce que tu m'as dit. Je crois qu'il est temps que tu sortes de cette prison dans laquelle tu t'es enfermée toute seule.

— Comment ça ?

— À mon avis, ce n'est pas une bonne idée d'habiter juste au-dessus de ton cabinet médical. D'accord, c'est très pratique, mais ce n'est pas une bonne solution.

— Je me suis déjà posé la question, mais je n'ai pas donné suite.

— Selon mon humble avis, il est temps que tu aies le courage d'investir dans l'achat d'un appartement, un chez-toi, dans lequel tu pourrais te créer un cocon aménagé à ton image, selon tes goûts. Je suis convaincue que tu serais beaucoup plus heureuse. Tu pourrais enfin dissocier ton travail de ta vie privée et amorcer un nouveau départ.

— C'est vrai que dans cet appartement, j'ai le sentiment de travailler en permanence. Mes patients et leurs dossiers sont toujours là, en quelque sorte. Je ne sais pas faire de véritable pause. Je suis devenue addictive à mon travail. Je sais que j'en fais trop, mais j'ai beaucoup de mal à changer mes habitudes.

— Cela fait bien longtemps que je l'ai compris, mais maintenant, après tout ce que tu viens de m'expliquer, il faudrait que tu réagisses, et vite.

— Que me proposes-tu ?

— Par exemple, samedi prochain, nous n'avons pas d'obligations professionnelles. Nous sommes libres toutes les deux. Je te propose une journée consacrée à regarder les offres d'achat dans les vitrines des agences immobilières, bien sûr en dilettante dans un premier temps. Nous pourrions en profiter pour faire du shopping, puis déjeuner dans un petit resto sympa. Une journée entre copines, juste pour se détendre. Je sais que tu es en deuil, mais dis-toi bien que quoi que tu fasses, ton cher papa ne reviendra pas.

— Hélas, je le sais bien. Son décès a été si brutal…

— Tu dois vivre, coûte que coûte. Si ton père te voit de là-haut, il veut te voir heureuse, j'en suis convaincue.

— Tu as entièrement raison. Il est temps que je change de comportement et que je pense un peu plus à moi. Ton idée d'investir dans l'immobilier me convient bien. J'y avais pensé sans vraiment m'en convaincre. Maintenant, j'ai vraiment besoin de changer mes habitudes de vie.

— Quelquefois, il ne suffit de pas grand-chose pour retrouver la joie de vivre. Ton passé appartient à ton passé. Désormais, tu dois ne penser qu'à l'avenir. Tu as réussi à diminuer ta rancune envers ta mère, même si tu n'as pas totalement pardonné. C'est une première étape essentielle. Je suis convaincue que ta mère et Floriane seraient heureuses de savoir que tu vas bien. Tu sais, Virginie, le bonheur est une maladie contagieuse. Fais-moi confiance.

— Je te fais confiance. Je vais demander un rendez-vous avec mon banquier pour connaître le budget maximal que la banque m'accorderait en cas d'achat. J'ai un apport personnel, mais j'aimerais bien garder de l'argent disponible en cas de problème imprévu.

— Avant tout, nous nous renseignerons sur le prix du marché à Plaisir. Nous saurons si l'immobilier fonctionne bien en ce moment. Tu aimerais quel genre d'appartement dans l'idéal ?

— Je me verrais bien dans un appartement avec deux chambres, un grand séjour et une cuisine ouverte. Je souhaite qu'il n'y ait pas de travaux à réaliser – pour me poser sans fatigue supplémentaire – et que la distance soit assez proche de mon cabinet. J'ai tout le temps, je vais essayer de trouver la perle rare.

— Cette recherche va te donner un but bien précis et t'occuper l'esprit. La perte d'un parent proche est un moment bien difficile à surmonter dans la vie, je le sais, mais tu dois te montrer forte. Oublie les douleurs du passé et essaie de penser plus à toi !

— J'admire ton charisme et ta force de caractère.

— Je suis comme tout le monde, avec certaines peurs et quelques angoisses transitoires, que je chasse vite avec des idées positives, avant qu'elles me gangrènent. J'ai fait le choix de ne jamais devenir mère. C'est peut-être égoïste, mais c'est ainsi. J'ai la chance d'avoir deux petites nièces âgées de dix ans, les jumelles Emma et Rose, que j'adore. Tu penses bien que cela contrarie mes parents que je ne veuille pas d'enfants, mais c'est mon choix. Je sais ce que je veux et je sais où je vais.

— Je t'admire…

— Il ne faut pas m'admirer. Je suis une femme ordinaire. Je m'impose juste un choix de vie avec des règles à respecter.

Il est très tard. Je commence à montrer des signes de fatigue.

— Je vais te laisser, Virginie. On se revoit samedi comme prévu. Je passerai te prendre en voiture vers dix heures.

— Dix heures, c'est parfait.


Ce soir-là, blottie dans mon lit, je ne sais pas m'endormir. Je repense à mon adolescence, à ma petite sœur, à mon père adoré que je ne pourrai plus serrer dans mes bras. Mes sentiments envers ma mère restent contradictoires. Je ne sais plus vraiment où j'en suis.

Ce soir-là, j'ai envie de me laisser aller, de prendre du recul sur ma vie. Je choisis alors d'écouter de la musique jusqu'à ce que les larmes cessent de couler sur mon visage.

Pourtant, ce soir-là, je me sens un peu mieux, comme si un énorme fardeau venait de se dissoudre dans mon mental. Je me suis confiée à Amélie et j'ai enfin des projets. J'ai franchi une grande étape dans ma vie.

Le sommeil ne tarde plus à me tendre la main et m'entraîner dans ses bras protecteurs.

*Le soir tombait de tout son poids*
*Au-dessus de la rivière*
*Je rangeais mes cannes*
*On ne voyait plus que du feu*
*Je l'ai vue s'approcher*
*la tête ailleurs dans ses prières*
*Il m'a semblé voir trop briller ses yeux*
*Je lui ai dit*
*Si tu pleures pour un garçon*
*Tu seras pas la dernière*
*Souvent les poissons*
*Sont bien plus affectueux*
*Va faire un petit tour,*
*Respire le grand air !*
*Après je te parlerai de l'amour*
*Si je me souviens un peu*
***La cabane du pêcheur ; Francis Cabrel***

# 7

*Le vent fera craquer les branches*
*La brume viendra dans sa robe blanche*
*Y'aura des feuilles partout*
*Couchées sur les cailloux*
*Octobre tiendra sa revanche*
*Le soleil sortira à peine*
*Nos corps se cacheront*
*sous les bouts de laine*
*Perdue dans tes foulards*
*Tu croiseras le soir octobre*
*endormi aux fontaines*
***Octobre ; Francis Cabrel***

**Samedi 8 octobre 2005**

Aujourd'hui, c'est mon anniversaire. Je me réveille sur mes trente-trois ans sans états d'âme, car c'est un jour comme les autres pour moi. La seule idée qui me vient en tête est toujours identique et obsédante quand j'ai un an de plus. Si mon enfant avait vécu, s'il avait eu la chance de grandir, il serait un magnifique adolescent maintenant, fille ou garçon. Je ne le saurai jamais, car je ne lui ai pas donné la possibilité de vivre. Je n'ai pas été assez courageuse pour m'opposer à la décision de ma mère, alors j'ai horreur des anniversaires.

Je dois me lever tôt ce matin. J'ai rendez-vous avec Amélie à dix heures à la cafétéria du centre commercial. Nous voulons passer la journée à nous balader et continuer de regarder les offres d'achat d'appartements dans mon budget.

J'avoue que je ne suis pas pressée, afin de faire le meilleur choix. Je ne veux pas m'éloigner de plus d'un kilomètre de mon cabinet médical. C'est mon critère essentiel. Je dois pouvoir me déplacer à pied en cas de problème de véhicule.

Je bois mon café tranquillement lorsque ma mère m'appelle.

— Joyeux anniversaire ma chérie ! Trente-trois ans, c'est l'âge du Christ lorsqu'il a été crucifié. C'est le plus bel âge !

Je me retiens pour ne pas être désagréable, car je n'en ai rien à faire du Christ, de Dieu, de ses apôtres et de tous ses « potes », qui n'ont pas été là pour moi quand j'avais besoin d'eux. Je ne crois pas en ce Dieu-là et personne ne pourra me convaincre. Je crois au courage, à la tolérance, à la persévérance, au don de soi, au pardon, en l'amour pour les autres, mais surtout pas au Dieu de ma mère et d'Angèle.

— Merci maman. Comment vas-tu ?

— Je vais mieux. Je m'investis beaucoup avec Angèle dans nos nombreuses œuvres pour les associations catholiques. J'apprends à vivre sans ton père, bien qu'il me manque terriblement. Ce n'est pas facile. Nos journées très chargées me permettent de ne pas trop penser à ma peine.

— Je suis ravie que tu surmontes l'absence de papa aussi vite. Et comment va Floriane ?

— Je sais que ta sœur est très amoureuse de son patron. Je crois savoir, d'après quelques confidences, que c'est réciproque. Surtout, ne lui en parle pas, je dois garder le secret !

— Je viendrai passer une semaine à Noël à la maison. J'ai trouvé un remplaçant. Je me doute que ce sera différent cette année, sans papa, mais j'aurai le plaisir de passer de bons moments en famille. La vie continue comme on dit…

— Tu pourras te reposer un peu. Cela te fera du bien.

— Merci, maman, à très vite.

À peine avoir raccroché, c'est maintenant Floriane qui me souhaite un joyeux anniversaire.

Son timbre de voix est léger, insouciant, joyeux. Je ressens sa joie de vivre et j'aime sentir ma petite sœur heureuse…, et amoureuse, même si c'est un secret de Polichinelle !

Amélie est ponctuelle. Je la retrouve à la cafétéria, devant un chocolat chaud. Elle m'en propose un également avant de parcourir les rues de Plaisir.

Nous avons décidé de nous balader et de nous distraire tout en respectant notre objectif, c'est-à-dire détailler les offres immobilières sur les vitrines des agences, sans plus pour le moment. Il n'y a pas d'urgence. Pour un premier achat, je voudrais que cet appartement remplisse tous mes critères.

Mon amie a oublié de me souhaiter mon anniversaire. C'est beaucoup mieux ainsi. Les années qui passent si vite sont plus source d'angoisse que de bonheur pour moi.

— Tu vas bien ? demande-t-elle.

— Ça va, avec un an de plus aujourd'hui.

— Mince, j'ai oublié ton anniversaire !

— C'est préférable, car cela me rappelle de mauvais souvenirs.

— J'imagine ; rappelle-moi ton âge ?

— Trente-trois ans ; et toi ?

— Je viens d'avoir trente-cinq ans. Pour ma part, je me sens bien, j'adore ma profession, j'apprécie ma liberté et je ne veux pas entendre parler de maternité, même si cela contrarie mes parents. Je profite de l'instant présent et je ne crains pas le temps qui passe.

— Je t'admire. J'aimerais tant avoir ton caractère optimiste.

— Au lieu de m'admirer, essaie d'enterrer tes fantômes et de profiter pleinement de ta vie de femme. Tes plus belles années !

— C'est facile à dire, pas facile à faire…

— Tout est simple et facile quand on le veut vraiment. Je sens bien que tu n'es pas encore prête.

— Je sais…

— Allez, viens, on y va !

La journée est agréable. Nous regardons avec un peu plus d'attention les propositions des agences immobilières. Jusqu'à ce jour, aucun bien ne m'a particulièrement attirée.

Nous avons laissé nos véhicules sur le parking du centre commercial afin de nous balader dans les rues de Plaisir sans avoir le souci de nous garer en ville.

Nous prenons notre temps pour détailler les annonces, nous notons, nous évaluons, nous partageons nos avis quand Amélie s'exclame.

— Regarde cette annonce Virginie. Elle me paraît intéressante. Il s'agit d'un appartement avec un grand séjour, une cuisine ouverte et deux chambres. Il est situé dans une résidence calme et verdoyante, sans vis-à-vis, au second étage sans ascenseur, à huit cents mètres de ton cabinet médical. L'annonce est récente, je pense, car c'est la première fois que je la découvre.

— Pour quel prix ?

— Trois cent mille euros, hors frais de notaire. C'est peut-être négociable ? On entre ?

— C'est un peu hors de mon budget. Je ne voudrais pas dépasser deux cent cinquante mille euros. N'oublie pas que j'achète toute seule.

— Rien ne t'empêche de demander des renseignements, puis une visite éventuelle.

Je me place alors devant la devanture de l'agence, je lis attentivement l'annonce, j'observe les photos de l'appartement, quand soudain mon regard se fige.

Je suis sidérée…, je suis tétanisée…, je suis pétrifiée…

Choquée après ce que je viens de voir, je fais quelques pas en arrière. Amélie s'interroge.

— Que se passe-t-il ? Elle te fait de l'effet, cette annonce !

— …

— Virginie ! Explique-moi !

— C'est lui…

— Qui ?

— Xavier…

Au travers de la vitrine, l'homme que j'aperçois ressemble terriblement à une personne que j'ai connue il y a fort longtemps, mais que je ne peux pas oublier…, Xavier !

Malgré les années passées, je le reconnais. Il a le même visage, plus affirmé. Ses yeux clairs, sa couleur de peau, ses cheveux noirs bouclés, son port de tête, sa séduction, c'est lui ! Il est assis derrière son bureau, face à l'entrée de l'agence. Je suis persuadée que c'est bien Xavier, malgré le temps qui s'est écoulé. Si ce n'est pas lui, la ressemblance est vraiment spectaculaire.

J'ai froid, j'ai chaud, je transpire, je ferme les yeux, je tremble de tous mes membres, je suis proche du malaise.

— Tu es toute pâle !

— …

— Virginie ?

— …

Tout près de l'agence se trouve un banc public, posé là, inopinément, prêt à m'accueillir, car le choc est trop violent, puis je réagis enfin.

— Viens vite, allons nous asseoir, dis-je.

— Comme tu veux ; explique-moi, je ne comprends rien !

Je soupire profondément.

— Je pense que cet homme dans l'agence est bien Xavier. Il lui ressemble terriblement.

— Xavier ? Qui est-ce ?

— Le jeune homme avec qui j'ai conçu ce bébé il y a quinze ans…

— Ce n'est pas possible ! On dit que le monde est petit, mais à ce point !

— Je t'assure ; je pense vraiment que c'est bien lui ; son physique ne passe pas inaperçu ; c'est un très bel homme que l'on n'oublie pas comme ça…

— Pour te mettre dans un tel état ? C'est ton imagination qui te joue des tours. C'est parce que l'on a reparlé de ton passé ces derniers jours.

— Je ne crois pas. Je le reconnais, même quinze ans plus tard.

Je tente de reprendre mes esprits. Amélie me propose alors d'en savoir plus sur cet homme.

— Je vais entrer et demander sa carte. Cela n'engage à rien, juste pour te confirmer que tu te trompes.

— Merci Amélie ; regarde aussi la couleur de ses yeux ; c'est important pour moi.

Amélie se décide à entrer dans l'agence, discute un peu avec cet agent immobilier puis ressort, le visage grave.

— Voici sa carte.

— Ses yeux sont bleus ?

— Il a des yeux bleus magnifiques, clairs comme l'azur.

Alors je lis le nom sur la carte : Monsieur Xavier Perroa.

C'est bien lui, c'est Xavier !

Je suis effondrée, anéantie. La violence des sentiments que je ressens à cet instant me paralyse. Les douleurs du passé ressurgissent en un éclair. Mon cœur bat si fort qu'il est prêt à exploser dans ma poitrine. Les images de cette nuit du Bac catastrophique défilent devant mes yeux. Je n'ai rien oublié. Je suis projetée quinze ans en arrière.

— C'est le patron de cette agence. Il doit avoir une trentaine d'années. Nous avons échangé quelques mots.

— Tu vois, j'ai raison. C'est l'homme qui a brisé mon adolescence, qui a détruit mes rêves et ma vie encore maintenant.

— Ce n'est vraiment pas de chance, murmure-t-elle. Je ressens ton désarroi…

Je suis dévastée. J'ai envie de surgir dans l'agence pour déverser ma détresse contenue depuis si longtemps, mais mon amie me retient.

— Calme-toi. C'est encore un coup dur du destin, mais il faut que tu te reprennes.

— Si tu savais comme je souffre… J'ai tant besoin de libérer ma conscience, même si c'est trop tard…

— Je t'en prie, ma petite Virginie. Xavier a le droit d'avoir une vie privée. Tu ne peux pas tout détruire sur un malentendu de votre jeunesse, d'autant plus qu'il n'était pas au courant que tu étais enceinte. Tu as commis l'erreur de ne pas lui en parler quand tu as appris la terrible nouvelle. Pense aux conséquences maintenant.

Amélie soupire, déstabilisée. Elle n'a plus d'arguments. Elle ose une dernière phrase.

— Pourtant, tu m'as bien expliqué que tu étais consentante lors de cette nuit du Bac, de ce premier rapport sexuel.

— Oui, je ne l'ai pas rejeté, mais il aurait dû tenir compte de mon état d'ébriété avancé. Il ne m'a pas respectée. C'est comme s'il avait abusé de moi.

— Ce n'est pas si facile que ça de porter un jugement sur ce genre de situation…

Je préfère ne pas répondre, car une colère animale monte en moi, incontrôlable, mais bien présente.

— Ce n'est pas le moment de rentrer dans l'agence dans ton état. Je t'emmène ailleurs.

Les paroles de mon amie glissent sur moi. Le traumatisme que je ressens est trop violent. Pourtant, j'essaie de reprendre le contrôle de mes sentiments et de canaliser mes réactions. Je respire profondément et je rassure Amélie afin qu'elle ne s'inquiète pas, mais ma colère est loin d'être dissipée.

— Tu as raison. Je sais désormais qu'il est responsable de cette agence, alors je vais éviter de m'y présenter. Je dois accepter la situation. Le passé appartient au passé.

— Il ne faut jamais agir sous l'emprise de la haine. Nous allons aller boire un café pour nous remettre de nos émotions et penser à autre chose. Ce soir, je t'invite à dîner chez moi. Tu ne dois pas rester seule. J'ai tout ce qu'il faut dans le congélateur pour passer une bonne soirée devant un petit repas convivial. Essaie d'oublier ce Xavier ! L'avoir revu ne changera rien à ta vie. Tu dois accepter cette situation et tourner la page.

Tourner la page, facile à dire…

Quelques heures plus tard, après le repas chez Amélie, je rentre enfin chez moi, les idées confuses. Mon amie a raison. Je dois absolument enterrer ce que j'ai vécu dans mon adolescence et me tourner vers l'avenir, sinon c'est tout le reste de ma vie que je vais gâcher. Pourtant, je me dis que cette rencontre n'est pas due au hasard. C'est un signe du destin. Je ne sais pas comment je vais faire payer à Xavier ce qu'il m'a fait, mais je vais le faire.

Un étrange sentiment monte en moi de façon sournoise, un sentiment que je ne maîtrise pas, celui de la vengeance…

Le soir, je m'agite dans mon lit, incapable de trouver le sommeil. Dans ma tête, c'est le fouillis absolu. Je mélange tout. Le deuil de mon père qui est loin d'être fait, la haine pour Xavier qui a volé ma jeunesse et la colère contre ma mère et Angèle qui ne m'ont pas soutenue.

J'en veux au monde entier…

Je décide de prendre un somnifère, car le sommeil ne sera pas mon ami ce soir. La musique douce et envoûtante de mon chanteur préféré m'aide à chasser les idées noires.


*Il y aura certainement*
*Sur les tables en fer blanc*
*Quelques vases vides qui traînent*
*Et des nuages pris aux antennes*
*Je t'offrirai des fleurs*

*Et des nappes en couleurs*
*Pour ne pas qu'octobre nous prenne*
**Octobre ; Francis Cabrel**

# 8

*La vie est un chemin
qui se parcourt dans un seul sens...
La reprendre à zéro est impossible. On peut
choisir sa destination, réfléchir quand on arrive
à une intersection, ralentir, accélérer, décider de
ne plus refaire les mêmes erreurs, on ne revient
jamais en arrière.*
**Les âmes croisées ; Pierre Bottero**

**Dimanche matin, huit heures.**

Je me réveille difficilement avec un mal de tête intolérable. J'ai beaucoup pensé et repensé à Xavier cette nuit. Cette vision improbable quinze ans plus tard dans cette agence immobilière est incroyable. Le monde est immense et pourtant, Xavier se trouve là, tout près de moi, à Plaisir.

Je me suis posé de nombreuses questions, mais la raison semble l'emporter sur ma soif de vengeance pour le moment. Je me persuade que cela ne me mènerait à rien de positif si je remue le passé, sauf à perturber sa vie actuelle et faire ressurgir mes profondes douleurs.

Le beau jeune homme de mon souvenir est désormais agent immobilier indépendant. Il est peut-être en couple, marié ou père de famille. Il est certainement heureux. Je n'ai pas le droit de perturber son quotidien et sa vie privée.

Le café fort me fait du bien. Ma migraine s'estompe. Après ma douche vivifiante, je décide d'écouter la voix de la raison et du bon sens, celle d'Amélie.

— Bonjour, Amélie, comment vas-tu ?

— Très bien. C'est à moi de te poser la question. Tu as réussi à dormir ? Tu as pris des décisions ? Que vas-tu faire ?

— Je ne vais rien faire. Le choc de revoir Xavier après de si longues années m'a perturbée, mais j'ai décidé de le laisser en paix.

— Parfait, tu as fait le bon choix. Je sais que ton adolescence a été brisée, mais cela ne sert à rien de détruire d'autres vies.

— J'espère ne jamais le rencontrer dans Plaisir. Je crains qu'il me reconnaisse. Je veux oublier tout ça et passer inaperçue si le hasard me place en face de lui.

— Je pense avoir une idée. Pour qu'il n'y ait vraiment aucune chance que cela se produise, ce serait bien que tu changes d'aspect physique. Il y a peu d'éventualité qu'il se souvienne de toi, car tu étais très jeune à l'époque. Cependant, c'est peut-être plus prudent. Ne prenons pas de risques, on ne sait jamais.

J'avoue que c'est une bonne idée.

— Si tu veux, je t'emmène à Parly 2 cet après-midi, insiste Amélie. Ce sera l'occasion de te rendre un peu plus moderne avec un nouveau look. Depuis que je te connais, tu n'as jamais changé de coiffure et tu gardes ton éternel style classique. C'est le moment d'agir.

— Merci pour les compliments ! dis-je, légèrement vexée.

Parly 2 est un immense centre commercial comprenant une grande galerie couverte sur trois niveaux. Ce centre est situé au Chesnay, à vingt minutes de Plaisir. Il est ouvert le dimanche, ce qui est un avantage pour la plupart des Parisiens qui travaillent souvent toute la semaine.

— Aujourd'hui, la météo est tellement exécrable que nous pourrions passer un moment ensemble, à l'abri des intempéries. Nous aurions tout notre temps pour discuter devant une boisson chaude et laisser les problèmes de côté. Tout d'abord, tu pourrais t'offrir une coupe de cheveux plus moderne et une nouvelle couleur. Je pense que même sans rendez-vous, tu serais reçue.

— Je n'ai pas trop le choix…

— Je sais que tu adores ton métier, que tu es proche des autres, que tu as un don inné pour l'empathie, mais il est urgent que tu penses à toi désormais. Si tu veux rencontrer l'homme de ta vie, fais un effort. Tu passes inaperçue avec ce style démodé. Cette rencontre improbable avec Xavier doit te faire réagir.

Ses remarques sont un peu directes, mais certainement vraies…

— Tu as raison ; je m'investis trop dans ma profession, je porte le malheur des autres sur mes épaules et je suis bloquée sur les images du passé. Je dois me remettre en question.

— Avec un nouveau look, l'appartement de tes rêves et un trait définitif sur le passé, tu serais comblée, n'est-ce pas ? Et pourquoi pas un amoureux ?

Je reconnais qu'Amélie est de bon conseil.

— Dans mon cas désespéré, l'appartement est peut-être plus facile à trouver que l'amoureux, dis-je en riant.

— Tout dépend de toi !

— Il est vrai que si j'avais enfin un petit nid douillet que je pourrais aménager à mon goût, cela m'obligerait à oublier un peu mes patients et sortir le nez de mes dossiers.

— Enfin, tu en prends conscience ! Ce n'est pas trop tôt ! La vie est courte, ne te laisse pas submerger par ta profession.

— Je me suis tellement investie dans mes études, puis dans mon statut de médecin, que le temps a filé à toute vitesse.

— C'est une manière pour toi de ne pas affronter la vraie vie, c'est-à-dire la tienne, et non pas celle des autres.

— Le fait d'avoir revu Xavier, même de loin, m'a fait beaucoup de mal. Je réalise à quel point je passe à côté de mes plus belles années.

— J'entends enfin les paroles tant espérées d'une nouvelle Virginie. Je n'y croyais plus… Je passe te chercher vers quatorze heures ?

— Très bien ; je vais tout faire pour être optimiste et afficher mon plus beau sourire.

— J'espère !


Le temps est vraiment épouvantable ce dimanche après-midi. C'est une bonne idée et un plaisir de parcourir les allées de Parly 2, avec ses multiples boutiques, en compagnie d'Amélie.

Je me suis enfin décidée à changer de look. Je préfère commencer par le coiffeur, avant de changer d'avis. Je croise les doigts pour qu'il y ait une place pour moi.

Nous nous dirigeons au hasard vers un salon de coiffure où il n'y a pas trop de monde. La jeune femme qui nous reçoit est charmante.

— Vous avez de la chance. Une cliente vient de reporter son rendez-vous, à la suite d'un empêchement de dernière minute. J'ai un créneau de trois heures pour vous, si vous le voulez.

— À quelle heure ?

— Maintenant.

— C'est parfait, dis-je.

Je m'adresse à Amélie.

— Que vas-tu faire pendant ce temps ?

— Ne t'inquiète pas pour moi. Il y a tellement de boutiques dans ce centre que je ne vais pas m'ennuyer. Je te rejoins ici vers seize heures.

— C'est gentil ; à tout à l'heure.

Le jeune homme devant s'occuper de mes cheveux s'appelle Tom. Il doit avoir une trentaine d'années et me semble très sûr de lui. Il est particulièrement bavard, mais cela ne me dérange pas.

Je m'installe sur le siège confortable, puis je me laisse aller totalement au bien-être de ce moment. Cela fait bien longtemps qu'un homme ne m'a pas massé le cuir chevelu. C'est agréable.

— Je peux vous demander votre petit nom ?

— Virginie.

— C'est un très joli prénom. Je peux vous appeler Virginie ?

— Bien sûr. Nous avons quelques heures à passer ensemble, autant qu'elles soient agréables.

— Quel genre de coiffure souhaitez-vous ?

— Cela fait des années que je ne suis pas allée chez le coiffeur. Je coupe mes cheveux toute seule. J'ai acheté les accessoires nécessaires pour entretenir mon dégradé et effiler ma frange.

Tom semble contrarié.

— Mon Dieu, c'est un crime ! Vous seriez tellement plus jolie avec une véritable coiffure !

— Vous avez raison ; je ne prends pas le temps de m'occuper de moi.

— Quel dommage ! Quel gâchis ! Je vais arranger tout cela !

— Bien sûr, mais surtout pas des cheveux trop courts. Je ne veux pas d'un changement spectaculaire.

Ce jeune homme est de nature directe, je le comprends de suite. Il palpe mes cheveux, tourne autour de moi, me regarde, évalue, puis émet son verdict.

— Votre coupe est totalement incohérente. Vos pointes sont sèches. Par contre, la couleur de votre chevelure est magnifique. Ce blond vénitien vous va à ravir. C'est leur couleur naturelle ?

— Oui, je n'ai jamais coloré mes cheveux.

— Pourquoi donc voulez-vous les colorer aujourd'hui ?

— Pour changer totalement de style.

Tom marque une pause, puis se permet de donner son avis.

— Vous subissez une rupture amoureuse ?

Je suis surprise par cette remarque, mais je réponds, avec l'envie d'alimenter sa curiosité.

— C'est ça, dis-je. Je viens de rompre avec mon ami et je suis désemparée. Je dois prendre un nouveau départ dans ma vie.

— Je comprends, je vais vous aider, faites-moi confiance.

— Allez-y, je vous confie ma tête sans aucune réticence.

Trois heures plus tard, c'est fini. Tom me tend le miroir.

— Je vous ai réalisé un beau carré long. J'ai coloré vos cheveux en un joli brun chocolat et j'ai fait des mèches cuivrées plus claires pour adoucir un peu le côté uniforme de la couleur. Cela vous plaît ?

Tom me tend le miroir. Le changement est important, mais il me satisfait.

— Cela me convient parfaitement.

— Je reconnais que cela vous donne un port de tête très séduisant. Je suis content de cette transformation. Pour parfaire ce nouveau look, voulez-vous que notre maquilleuse vous donne des conseils ?

— Pourquoi pas ?

— En entendant, je vous prépare un café ?

— Bien volontiers.

Pendant que je déguste mon café, je m'observe encore dans le miroir. Je me trouve différente, mais agréable à regarder. Je ne regrette pas cette métamorphose. Elle me donne quelques années de plus, mais c'est parfait. Je ne faisais pas mon âge. Maintenant, je suis en harmonie avec mes trente-trois printemps.

La maquilleuse arrive.

— Bonjour, je m'appelle Célia.

— Enchantée, Célia.

— Votre nouvelle couleur de cheveux n'est pas en accord avec la couleur de vos sourcils. Je vous conseille un crayon couleur noisette pour les souligner et harmoniser le tout.

— Très bien, je pense que vous êtes de bon conseil.

— Laissez-moi faire, c'est mon métier. Je vais vous maquiller légèrement, car votre visage est naturellement séduisant. Vos yeux clairs sont magnifiques, avec ce coloris vert nuancé de brun. Vous devez les mettre en valeur avec un fard à paupières aux tons chauds, dans les tons bruns de préférence.

— Merci, c'est parfait.

Cela fait du bien de se laisser aller ainsi à ces moments de plaisir lors d'un après-midi pluvieux. Après avoir réglé la note, je retrouve Amélie devant le salon de coiffure. Je vois tout de suite dans ses yeux que ma transformation est une réussite. Cela me rassure.

— Superbe ! Tu es superbe !

— Cela me vieillit un peu, tu ne trouves pas ?

— Tu fais plus femme, il est temps. Tu as trente-trois ans, tu n'es plus une petite fille !

— Je sais que je ne suis plus une petite fille, depuis le temps que tu me le répètes. Nous rentrons maintenant ?

En fait, tout ceci m'agace un peu. Je ne suis pas encore remise de ma vision de Xavier. J'ai envie de retrouver au plus vite mon amie intime, celle qui ne pose aucune question sur mon apparence, ma solitude.

— Il n'en est pas question. Maintenant, tu vas devoir te trouver une tenue adéquate plus féminine. Les tenues strictes, c'est fini !

— Ça fait peut-être trop de changement en un jour ?

— Fais-moi confiance !

De guerre lasse, je n'ai pas d'autre choix que d'obéir. Je me connais, je ne reviendrai pas sans Amélie. Je dois terminer ma transformation jusqu'au bout.

Nous arrivons devant une boutique qui me plaît, au style moderne tout en restant chic. Il y a un choix important de vêtements, d'accessoires et également de chaussures.

— On entre ? demande Amélie.

— OK.

Si je pouvais tout trouver ici, ce serait bien. Une jeune vendeuse se dirige vers nous. Je lui explique ce que je recherche. J'aimerais de préférence une robe fleurie aux tons clairs, un manteau léger, des chaussures confortables et élégantes, un sac coordonné, mais pas trop petit. Il doit pouvoir contenir toutes mes affaires.

Après une heure d'essayages de vêtements diversifiés, j'exprime enfin mon choix. Amélie acquiesce, fière de moi. La robe que j'ai choisie me sied à merveille. Elle est ultra-féminine grâce à sa fluidité, à ses tons pastel et à sa longueur correcte – au-dessous du genou –, aux manches transparentes et à la taille marquée, soulignée d'une ceinture en cuir marron clair.

Mes patients vont être terriblement surpris lorsqu'ils vont me découvrir ainsi. J'imagine déjà leurs visages étonnés.

— Alors Virginie ? Tu es contente de ta nouvelle apparence ?

— Je me trouve assez jolie. Tu as bien fait d'insister.

— Le temps de boire un dernier petit café avant de rentrer ?

— Ça me convient.

J'ai fait un effort, j'ai osé changer, je suis soulagée…


Ensuite, Amélie me dépose chez moi. Il est dix-neuf heures. Je dépose mes sacs dans un coin et je me dirige vers la salle de bain. Cet après-midi shopping m'a épuisée. Je n'ai pas l'habitude de m'occuper ainsi de moi. Demain lundi, mes rendez-vous commencent dès neuf heures et je désire me coucher tôt.

J'allume la télé, j'écoute les grands titres de l'actualité, puis je me prépare un plateau avec des tartines de pain beurrées, du fromage et du vin rosé. Faire la cuisine, ce n'est pas vraiment ce que je préfère, surtout ce soir.

Vers vingt-deux heures, je préfère aller me coucher, mais les minutes qui passent font monter l'angoisse en moi. Ce que je redoutais arrive. Une profonde tristesse m'envahit…

Le souvenir de ma première expérience amoureuse avec Xavier commence à m'obséder. Le timbre de sa voix, la profondeur de son regard, la douceur de ses mains, l'odeur de sa peau et son corps sur le mien hantent mes pensées. Je tourne et je retourne dans mon lit, essayant de chasser cet homme que je déteste, qui a détruit ma vie, mais qui m'attire malgré moi…

Que vais-je devenir ? Comment vais-je être capable de le chasser définitivement de ma mémoire maintenant que je l'ai revu ? Serais-je assez forte pour l'oublier sans avoir l'envie de me venger ? Dois-je parler de mes doutes à Amélie ou bien essayer de m'en sortir seule ?

Tout est confus ce soir. La fatigue de la journée finit par me calmer. J'écoute un peu de Cabrel avant de m'endormir, totalement exténuée par toutes ces émotions.

Demain sera un autre jour…

*Et y'a une heure où va retentir*
*Le signal,*
*Un moment où tu vas t'sentir…*
*Animal, animal, animal*
*Animal, animal.*
*Celui qui attend sous le déluge,*
*Qui couche contre la porte,*
*Celui qui crie,*
*Qui hurle jusqu'à ce que tu sortes,*
*Qui t'aime dans la voiture,*
*Qui court quand tu appelles,*
*Qui pleure, qui pleure, qui pleure*
**Animal ; Francis Cabrel**

# 9

*Ah ! Blessures du cœur,*

*votre trace est amère !*

*Promptes à vous ouvrir,*

*lentes à vous fermer.*

**Alfred de Musset**

Lundi matin, mon smartphone me réveille à sept heures. Mon sommeil a été très agité cette nuit malgré le tranquillisant. La sortie de mon lit douillet est difficile. La journée de consultations se présente comme une journée sans fin, car elle est très chargée en rendez-vous. Pourtant, je dois faire face et mettre de côté mes contrariétés. Ce serait terrible de passer à côté d'un diagnostic à cause de mes états d'âme.

Le café est trop fort, le pain est rassis, le pot de confitures d'oranges est vide et je n'aime déjà plus ma nouvelle tête dans le miroir, mais il est trop tard. Je ne réussis pas à me recoiffer comme la veille et je n'ai vraiment pas envie de me maquiller.

J'enfile un jean, un long pull bien chaud et des baskets souples. J'ai besoin d'être à l'aise pour mes consultations et je ne suis pas d'humeur à supporter les réflexions éventuelles de mes patients aujourd'hui. Je suis médecin pour les soigner et certainement pas pour leur plaire. Il est évident que je vais avoir des remarques sur mon nouvel aspect physique, bonnes ou mauvaises, mais ça m'est égal.

Aujourd'hui, tout m'est égal…

Il est déjà dix-neuf heures, c'est la fin des consultations. La dernière patiente accompagnée de sa petite fille quitte le cabinet. Il s'agit d'un rappel de vaccins pour lequel l'enfant n'a pas bronché devant la seringue. Cela fait du bien au moral de finir sur une note positive.

Je respire profondément. Cette journée qui m'a semblé durer une éternité s'achève enfin. Je dois encore faire un peu de ménage dans la salle d'attente, ranger les magazines sur la table basse, remettre les jouets dans leur bac, aérer la pièce, désinfecter les sièges et les poignées de porte, puis fermer les volets et remonter dans mon appartement.

Mon cocon, ma tanière, mon refuge…

Mon portable vibre, c'est Amélie.

— Je ne te dérange pas ?

— Non, je viens de terminer ma journée de consultations. Je suis épuisée.

— Physiquement ou moralement ?

— À ton avis ? Je suis perdue, je n'ai plus de repères, je ne sais pas quoi faire…

— Au sujet de Xavier ?

— J'essaie de ne pas penser à lui, mais pour le moment, c'est impossible. Son souvenir m'obsède. J'ai rêvé de lui. Le fait de l'avoir revu dans cette agence me trouble énormément. Toutes mes douleurs sont réapparues. Cela me rend nerveuse, irritable et anxieuse.

— Je m'en doutais. C'est pour cela que je viens prendre de tes nouvelles. Tu me sembles très perturbée. Réfléchis avant de faire quoi que ce soit. Essaie de tenir compte de mes conseils.

— Mes sentiments sont très ambigus. Je le déteste et j'ai des idées de vengeance. Pourtant, je meurs d'envie de le revoir, d'entendre sa voix, de le regarder en face et de lui dire la vérité, même si c'est très ancien. Je fais une fixation sur lui. C'est terrible…

— Je comprends ta réaction.

— Que ferais-tu à ma place ?

— Rien, je ne ferais rien. Tu t'enlises dans ton passé, celui de ton adolescence. Ce n'est pas la solution idéale pour aller de l'avant. Tu ferais mieux de tourner définitivement cette page de ta jeunesse. Tu as assez souffert comme cela. Il n'a jamais su que tu étais enceinte. De plus, tu étais consentante lors de votre rapport sexuel, d'après ce que tu m'as dit, même si tu avais trop bu.

— Inconsciemment, j'aimerais qu'il sache ce que j'ai enduré moralement durant toutes ces années, et encore maintenant.

— Tu as tort, Virginie. Tu te tortures pour rien. Ta démarche est malsaine. Cela ne te mènera à rien, juste à souffrir un peu plus.

Évidemment, Amélie a raison. Je sais que mes intentions ne riment à rien.

— Je vais essayer de bien dormir cette nuit. Demain, j'ai beaucoup de consultations, cela va m'occuper l'esprit.

— Je te souhaite une bonne soirée. Essaie de te détendre.

— Merci Amélie.

Après ma douche, je m'étends sur mon canapé, le corps frileux recouvert d'un plaid bien douillet. J'ai une folle envie de voir un bon film romantique à la télé – qui finit mal, j'espère, pour me donner le prétexte de verser une larme.

Je n'ai pas très faim, mais j'ai terriblement soif. La bouteille de vin rosé est la bienvenue ce soir.

Mes pensées sont confuses…

Toi, Dieu, qui sembles avoir de multiples pouvoirs, pourquoi as-tu remarqué mon existence sur Terre ? Je ne suis qu'une simple brebis égarée parmi toutes les autres. Je voulais juste passer inaperçue malgré ma détresse.

Tu sais bien que je ne crois pas en toi. Pourquoi as-tu remué ces profondes blessures enfouies dans ma chair en faisant apparaître sur mon chemin de vie cet homme qui m'a brisé le cœur ? Sur cette planète, des milliards d'humains sont à prendre en charge pour des cas plus graves que le mien. Pourquoi m'as-tu remarquée ? Je n'ai pas prié pour implorer ton aide. Je ne t'ai rien demandé.

Mercredi après-midi, c'est mon après-midi de repos. Dehors, malgré le froid sec, le ciel est bleu, mais il est de couleur sombre dans ma tête. Mes pensées s'entremêlent dans un méli-mélo de bonnes résolutions qui se fracassent brutalement contre un mur d'incompréhensions.

Amélie est occupée toute la journée pour des rendez-vous à l'hôpital, en particulier pour soutenir deux jeunes enfants traumatisés par le décès brutal de leurs parents dans un accident de la route. C'est terrible. Ma propre douleur est bien minime devant un tel traumatisme.

Pourquoi ne suis-je pas heureuse quand tout me réussit ? J'ai une profession que j'adore, une bonne santé, le bel âge, un endroit où il fait bon vivre, une maman avec qui j'ai presque fait la paix, une petite sœur qui est mon soleil, une amie fidèle, un amoureux…

Hélas non, je n'ai pas d'amoureux.

En fait, je commence à réaliser que c'est certainement ce qui me manque le plus, un homme que j'aimerais. Mes hormones de femme me rappellent à l'ordre, surtout la nuit. Si j'avais un compagnon avec qui je pourrais partager de bons moments, tels que faire l'amour, de discuter, de nous balader, d'aller au cinéma, d'apprécier l'instant présent, de nous projeter vers un futur à deux, tout irait mieux.

Mais je n'ai personne.

Je n'ai que mon passé qui me pourrit le présent. Je dois regarder vers le futur, et très vite, car la jeunesse passe vite, surtout pour nous les femmes…

Lorsque soudain, une petite voix intérieure me rappelle à l'ordre. Il est temps de prendre ma vie en main ! En une fraction de seconde, je viens de prendre une décision spontanée, comme une évidence.

Aujourd'hui, je vais bousculer mon destin. Je me regarde une dernière fois dans le miroir, car j'ai du mal à m'habituer à ma nouvelle tête. Après tout, ce n'est pas mal. Ma nouvelle coiffure me va bien et me donne un air plus affirmé, plus en harmonie avec mes trente-trois ans. Je prends le temps de me maquiller. Je choisis de porter la jolie robe fleurie que j'ai achetée lors du dernier shopping avec Amélie. Je vaporise un peu de mon parfum préféré derrière les oreilles. Je décide de porter des bottes à talons hauts, très féminines. J'opte pour une veste longue et une écharpe en laine toute douce. J'attrape mon sac à main ainsi que mon portable puis je me dirige vers la rue.

Une pulsion me saisit. Ce que je décide de faire maintenant, c'est insensé, mais je vais le faire ! Je sais qu'il ne faut pas, que c'est une erreur, mais mon cerveau n'est plus capable de réfléchir davantage.

Un instinct idiot est en train de me diriger vers la seule agence de Plaisir que je me suis interdite, celle de Xavier. Malgré mes réticences, je me sens attirée comme un aimant, sans pouvoir me contrôler. Il faut que j'agisse pour être enfin en paix avec mon mental.

Cette agence immobilière est située à environ un kilomètre de mon domicile. Je préfère m'y rendre à pied. Il fait froid en ce mois d'octobre, mais il ne pleut pas et c'est agréable de marcher. Je regarde les gens vivre autour de moi, j'écoute les bruits de la rue, je jette un coup d'œil sur les vitrines des magasins, je me sens déterminée, guidée par une force invisible.

Enfin prête et motivée pour investir dans l'immobilier, je voudrais visiter des appartements au plus vite. Lorsque j'aurai mon propre bien, je serai beaucoup mieux dans ma peau. Je pourrai enfin dissocier mon travail de ma vie privée.

Dix minutes plus tard, je me trouve devant l'agence Perroa. Soudain, l'angoisse monte en moi, sournoise, incontrôlable et paralysante. Ma décision de revoir Xavier se liquéfie comme la neige au soleil. Je ne sais plus quoi faire. Le mal-être m'envahit. Je me dirige vers le banc public situé en face, je m'assois, puis je tente de respirer profondément.

Tout ça pour rien ! Non, je ne suis pas venue ici pour rien !

Quelques minutes plus tard – de longues minutes qui me semblent une éternité –, je quitte le banc, je traverse la route, j'ouvre la porte de l'agence et puis je me présente…

Une charmante jeune femme m'accueille. Comme je suis rentrée, il est trop tard pour changer d'avis et prendre la fuite. Je décide de me présenter sous un faux nom.

— Bonjour. Je m'appelle Lisa Mancel. Je suis à la recherche d'un appartement dans Plaisir. J'ai remarqué dans la vitrine des annonces immobilières qui pourraient me convenir.

— Enchantée, je me présente à mon tour. Je m'appelle Anna Casal, je suis la secrétaire de monsieur Perroa. Je le remplace en ce moment.

Ma déception doit se lire sur mon visage.

— Monsieur Perroa sera absent quelques semaines. Vous aviez rendez-vous ?

Je suis désemparée, mais je ne peux plus faire marche arrière.

— Non, pas du tout. C'est la première fois que je viens ici. Je recherche un appartement à Plaisir, mais cela n'est pas urgent. Ce bien sera mon premier achat, alors je ne veux pas me tromper en essayant de faire le meilleur choix. J'ai entendu parler de monsieur Perroa pour son don de trouver l'idéal selon les critères des clients grâce aux nombreux biens proposés. Ce n'est pas grave s'il est absent.

— Je vais vous créer un dossier, si cela vous convient.

Le doute me traverse l'esprit pendant un faible instant.

— Un dossier ? Pourquoi pas ?

— Un premier achat immobilier est très important. Il ne faut pas se tromper et prendre le temps de faire plusieurs visites pour avoir le coup de cœur tant espéré.

Anna se dirige vers des tiroirs situés derrière elle. Quand elle se relève, mon regard admire sa silhouette. C'est une belle jeune femme à la ligne parfaite, avec de longs cheveux ébène jusqu'aux reins, des jambes interminables, une voix chaude et sensuelle et des yeux sombres immenses aussi ténébreux que le mystère qu'elle dégage.

— Ne soyez pas étonnée par mon accent très prononcé, car je suis d'origine espagnole. Je viens de terminer mes études à Paris et d'avoir le privilège de travailler pour monsieur Perroa, dans cette agence de renom.

— Vous avez été embauchée par monsieur Perroa ?

— Oui, c'est un homme charmant. Il est sympathique, attentionné, fiable et les clients l'apprécient beaucoup. J'ai vraiment beaucoup de chance de travailler pour lui.

Cette Anna est vraiment sympathique. Elle est sa secrétaire, mais peut-être est-elle plus que cela ?

Je m'égare, ce n'est pas mon problème.

J'accepte de dévoiler mes doléances pour l'achat de mon futur appartement, car j'ai l'intention de rester dans cette agence. Je finirai bien par rencontrer Xavier, sachant pertinemment que je fais la plus grosse erreur de ma vie. Je ne veux plus changer d'avis, je reste ici, même si cette décision ne plaira pas à Amélie, c'est évident. Je préfère mentir et ne pas lui en parler.

— Alors on le fait ce dossier ? dis-je.

— Bien sûr, dit-elle, rassurée.

Je dis tout, sauf mon véritable nom. Je donne mes critères de recherche compatibles avec mon budget. Maintenant, je suis dans l'action et j'ai fait le premier pas. Je me félicite même s'il est évident que ce n'est pas raisonnable.

Est-ce l'envie de le venger ou le désir de le revoir qui me tourmentent ?

Vers dix-huit heures, après avoir erré dans les rues de Plaisir, le moral au plus bas, je rentre chez moi. Je réalise maintenant que je n'ai pas rencontré Xavier, alors que j'avais tant préparé et imaginé ce moment, même si je le redoutais. Je voulais être sûre, dans un premier temps, qu'il ne me reconnaisse pas.

Je prends conscience que tout est à refaire, alors que rien n'est fait. Je me sens terriblement seule, alors que je le suis déjà. Je me sens isolée, comme abandonnée dans mes sentiments confus qui remontent à la surface.

Je voudrais trouver une solution à mes doutes et à toutes mes questions pour pouvoir vivre sereine, mais je n'en trouve pas. Je suis médecin et pourtant je suis incapable de soigner mes états d'âme. J'aimerais revenir quinze ans en arrière, mais c'est impossible.

Alors j'écoute du Cabrel…

*Elle te fera changer*
*la course des nuages*
*Balayer tes projets,*
*vieillir bien avant l'âge*
*Tu la perdras cent fois*
*dans les vapeurs des ports*
*C'est écrit*
*Elle rentrera blessée*
*dans les parfums d'un autre*
*Tu l'entendras hurler*

*« que les diables l'emportent »*
*Elle voudra que tu pardonnes,*
*et tu pardonneras*
*C'est écrit*
**C'est écrit ; Francis Cabrel**

# 10

*Elle n'en sort plus de ta mémoire,*
*Ni la nuit, ni le jour*
*Elle danse derrière les brouillards*
*Et toi, tu cherches et tu cours*
*Mais y'a pas d'amour sans histoires*
*Et tu rêves, tu rêves*
**C'est écrit ; Francis Cabrel**

Amélie m'appelle en cette fin de journée. Je sens bien qu'elle se tracasse pour ma santé mentale. Avoir revu Xavier après tant d'années est un véritable traumatisme, elle me connaît si bien.

— Dis-moi, comment vas-tu ? Tu as passé un bon mercredi après-midi ?

Lui dire ? Ne rien dire ? Je préfère lui cacher la vérité. Je lui réponds, sur le ton le plus neutre possible.

— Très bon ; je n'ai rien fait de spécial, à part lire et regarder la télé.

— C'est bien. Je craignais que tu veuilles rencontrer Xavier dans son agence, malgré mes conseils. Je suis rassurée.

Si elle savait ce que j'ai fait ! Désolée Dieu, ce n'est pas bien de mentir…

— Nous nous retrouvons samedi après-midi ? demande-t-elle.

— Si tu veux. Je ne dois pas abandonner ma recherche d'appartement. Je vais juste éviter l'agence immobilière de Xavier, bien entendu. Ça te convient ?

— Cela me convient parfaitement.

— Joindre l'utile à l'agréable et passer un bon moment entre amies, ce n'est que du plaisir.

— J'aime t'entendre parler comme cela. Je retrouve ton côté réaliste et raisonnable.

— Je n'ai pas trop le choix…

— Évidemment que tu n'as pas d'autres solutions. Il faut faire des projets maintenant. Le passé est loin derrière toi !

— Oui, très loin…

— Alors je te souhaite une bonne soirée, et surtout une bonne nuit.

— Merci, Amélie.

Mon amie vient juste de raccrocher que je me révolte intérieurement. Être sage, raisonnable, docile, équilibrée. C'est plus facile à dire qu'à faire. J'en ai assez de ce passé qui m'empêche de vivre normalement. J'ai envie de m'en sortir toute seule, sans l'aide des autres.

Maintenant, je veux vivre pour moi et rien que pour moi. Je respecte beaucoup les sages paroles de mon amie, mais cette fois-ci, je n'en peux plus. Le fait d'avoir revu Xavier a tout bousculé dans mon esprit. Je vais devoir accepter ce destin cruel que la vie m'impose, alors je me révolte.

Il est vingt heures. Je marche de long en large dans mon appartement ne sachant pas quoi faire de mon corps. Comme une évidence, je ne contrôle plus ma solitude qui me fait peur.

J'en ai assez de vivre dans les souvenirs. Je voudrais une seconde chance, j'aimerais faire enfin le deuil de ce passé toxique et tenter de vivre une nouvelle histoire.

Le moment de changer est arrivé…

Je m'habille en tenue moderne, je me remaquille légèrement, puis j'appelle un taxi. J'ai besoin de me changer les idées ce soir, car je m'ennuie terriblement.

C'est comme un appel au secours dans mon for intérieur…

Lorsque le véhicule me dépose devant la discothèque de la ville, je pénètre dans cet endroit où seule l'envie de me détendre me motive. J'ai besoin de chasser toutes les ondes négatives qui encombrent mon cerveau.

Pour le moment, je ne désire pas me mêler à la foule dansante. J'ai juste envie de boire un verre, de ne penser à rien et de profiter de ces instants de dépaysement devenus beaucoup trop rares depuis tant d'années.

Au bar, je suis devant mon cocktail, un mojito, lorsque j'aperçois un jeune homme à quelques mètres de moi, le visage pensif, l'air absent. Je le regarde, il me regarde. Gênée, je baisse les yeux, car j'espère ne pas donner suite. Pourtant, il se rapproche de moi et j'entends ces quelques mots.

— Bonsoir, vous allez bien ?

— Bof !

— Ce n'est pas une réponse.

— C'est la seule qui me vient à l'esprit.

— Vous êtes accompagnée ?

— Pas ce soir…

— On peut discuter un peu ?

— Pour m'entendre dire des banalités…

— Les banalités sont nettement préférables aux silences. Qu'en pensez-vous ?

— Après tout, vous avez certainement raison. Je suis venue ici ce soir pour me distraire, alors discutons. Quel est votre premier sujet de conversation ?

— Je peux vous parler de ma profession ?

— Oui, c'est un bon début.

— Je suis mécanicien chez Peugeot. Une routine qui me rassure et me plaît beaucoup. Un salaire convenable, des horaires réguliers, une petite vie tranquille.

Je souris intérieurement, puis je réplique.

— Pourtant, vous donnez plus l'impression d'être solitaire ce soir.

— Oui, je suis seul. J'avais envie de me détendre un peu après une journée bien chargée. Et vous, que faites-vous dans la vie ?

La question est directe. Je dois répondre rapidement. Je dis n'importe quoi.

— Je suis caissière à Auchan.

— Ah, c'est un beau métier !

— Non, ce n'est pas vraiment passionnant. Je regrette terriblement de ne pas avoir fait d'études malgré la pression de mes parents, mais c'est trop tard.

— Je comprends, car j'ai connu le même problème.

Un ange passe…

Nous regardons nos verres, car nous ne trouvons plus les mots adéquats pour continuer ces échanges sans intérêt.

— Je m'appelle Alex. Et vous ?

— Moi, c'est Virginie.

Les moments passent, avec des phrases anodines, meublées de silences. Alex me parle de généralités sur la mécanique automobile. Pour ma part, je lui raconte des anecdotes sur le passage en caisse des clients. En fait, on n'a rien à se dire. Pourtant un détail m'intrigue.

— Je suis surprise, car pour un mécanicien automobile, vous avez de très belles mains, fines et qui semblent douces.

Alex semble troublé.

— Vous voulez les caresser ?

Je sursaute, je me sens rougir.

— Oh non, je ne me permettrais pas !

— Je mets des gants pour travailler. Je n'aime pas trop toucher le cambouis.

— Je comprends mieux.

— Vous avez vraiment un sacré sens de l'observation !

— Il paraît…

Lorsque l'heure est venue de quitter la discothèque, nous sommes tous deux d'accord pour ne pas échanger nos numéros de téléphone, ne pas donner suite à cette rencontre.

Nous nous séparons sur un petit salut de la main, sans aucune intention de nous revoir. Cela restera une rencontre banale, sans lendemain.

Le taxi me ramène chez moi. Je prends ma douche, je me sers un verre d'eau pétillante puis je vais me coucher, en me persuadant que j'ai passé une super bonne soirée.

Je regrette déjà…

Pourquoi avoir raconté n'importe quoi sur ma véritable profession ? Pourquoi n'ai-je pas proposé de le revoir ? Pourquoi n'ai-je pas forcé le destin ? Pourquoi ne pas essayer de me laisser aller ? Pourquoi ne pas vouloir me donner une chance de rencontrer quelqu'un ?

Cet Alex semble être un jeune homme sympathique, terriblement séduisant, trentenaire comme moi. Il est grand, mince, brun, avec un beau visage aux yeux ténébreux. Il semble gentil, attentionné et il saurait s'occuper de ma vieille Peugeot 206, sur laquelle je ne sais même pas remplacer une bougie.

Si j'avais eu le courage d'orienter notre discussion vers la séduction, j'aurais certainement eu ma chance, celle de passer un bon moment avec lui. Il ne suffisait de presque rien.

Mais je ne l'ai pas fait. Pourquoi ?

Parce que je n'arrive pas à enterrer Xavier dans les archives de mon passé. Parce que la vie me le replace sur mon chemin quand je suis sûre de l'avoir oublié. Parce que mon corps possède encore les stigmates de son empreinte indélébile. Parce que je me pose beaucoup trop de questions pour progresser. Parce que je suis incapable de faire mon véritable deuil. Parce que je ne suis pas courageuse. Parce que…, je préfère aller me coucher sans tarder dans mon grand lit de célibataire.

Parce que je ne sais plus où j'en suis…

**Jeudi matin.**

Comme tous les matins – sauf les samedis et les dimanches matin –, mon alarme me réveille à sept heures. Comme tous les matins, je me sors du lit sans courage. Comme tous les matins, je me prépare un café sans état d'âme. Comme tous les matins, j'appréhende la journée qui se présente à moi avant même de la commencer. Comme tous les matins, je me dis que ce serait bien d'adopter un chat, car ce dernier saurait m'aimer sans se préoccuper de mon humeur matinale. Comme tous les matins, je me pose beaucoup trop de questions existentielles sur le sens de la vie.

Comme tous les matins…


Huit heures. Mon portable sonne. C'est ma mère. Depuis le décès brutal de mon père, je suis obsédée par les mauvaises nouvelles.

— Bonjour, maman, tu es matinale.

— Bonjour ma chérie. Ne t'inquiète pas, tout va très bien. Je sais que tu as des journées chargées. C'est la raison pour laquelle je t'appelle de bonne heure.

— C'est vrai, les journées sont intenses. Comment vas-tu, maman ?

— Je vais très bien. J'ai persuadé Floriane de retourner vivre dans son appartement, car je peux me débrouiller toute seule maintenant.

— Bravo, je suis fière de toi. Comment va ma petite sœur ?

— Elle va très bien. Elle aime beaucoup son travail d'agent immobilier.

— Tant mieux, c'est important.

— De plus, je crois savoir qu'elle est toujours très amoureuse de son patron, et que c'est réciproque. C'est elle qui m'en parle. Je ne lui pose pas de questions, car je ne veux pas me montrer curieuse, mais j'aime la sentir heureuse.

— Elle est amoureuse à ce point ?

— Je ne l'ai jamais vue comme cela. Elle est radieuse. J'espère qu'elle nous présentera son ami à Noël.

— Il est vrai que Floriane est exigeante dans ce domaine. Elle veut faire le bon choix. Si c'est le cas, tant mieux.

— Je croise les doigts, car j'adore la voir aussi rayonnante. Et toi, dis-moi, comment vont tes amours ?

C'est la première fois que ma mère aborde ce sujet « tabou » depuis mon adolescence. Je bouillonne intérieurement.

— Tout va bien, maman, ne t'inquiète pas.

— J'aimerais tellement être grand-mère !

— Ce ne sera pas grâce à moi pour le moment.

— N'oublie pas que tu as trente-trois ans. C'est l'âge idéal pour faire un enfant !

— Pour faire un enfant, je te rappelle qu'il faut être deux.

C'est malin de me rappeler qu'elle aurait pu devenir grand-mère bien auparavant. Pour elle, mon avortement restera toujours une simple banalité, car elle en oublie la pudeur de m'en parler comme si de rien n'était.

Je préfère abréger la conversation qui me poignarde une fois de plus.

— Bonne journée maman ; on se voit à Noël comme prévu.

— À très vite ma chérie.

Je sens que ma mère va mieux et que Floriane, amoureuse, est heureuse. Je ressens leur bonheur, alors j'en oublie un peu mes rancunes. Ma famille passe avant tout et elle va bien. C'est l'essentiel.

Les semaines passent, teintées des couleurs chatoyantes de l'automne. C'est une saison que j'apprécie, mais je ne saurais dire pourquoi. Peut-être parce qu'elle accompagne à merveille ma nostalgie ?

Je continue mes recherches d'appartement, mais, après mûre réflexion, j'ai laissé tomber l'idée de revoir Xavier. J'ai préféré m'inscrire dans d'autres agences immobilières, car je ne suis plus décidée à me trouver face à lui. Si ça doit se faire, ça se fera, mais je ne fais plus de fixation sur le passé.

Son image s'estompe lentement et c'est mieux ainsi. Je dois me faire une raison. Son souvenir ne peut pas me poursuivre jusqu'à ma mort. Le fait de l'avoir revu par hasard m'a énormément perturbée, mais c'est un aléa de la vie que je dois accepter.

Amélie est de bon conseil. Je suis trop fragile pour remuer mon passé torturé. Cela ne sert à rien de prendre le risque de tomber encore sous le charme d'un homme qui m'a détruite. Il ne saura jamais qu'il a failli être père, mais c'est mieux ainsi.

Je dois désormais penser un peu plus à moi, à mon avenir, à ma vie de femme et éventuellement à la maternité si j'ai le bonheur de rencontrer l'homme qui me plaira, qui m'aimera et que j'aimerai assez pour concevoir un enfant avec lui.

Pour le moment, je me laisse porter par le temps qui passe. L'espoir renaît doucement pour vivre plus sereinement. J'ai assez souffert ainsi, alors je fais enfin confiance à mon avenir sentimental.

Ce soir, confortablement installée dans mon canapé douillet, en tenue décontractée, je parcours quelques revues médicales et j'écoute du Cabrel.

*D'abord vos corps qui se séparent*
*T'es seule dans la lumière des phares*
*T'entends à chaque fois que tu respires*
*Comme un bout de tissu qui se déchire*
*Et ça continue encore et encore*
*C'est que le début d'accord, d'accord...*
***Encore et encore ; Francis Cabrel***

# 11

*J'aime appuyer ma main sur le tronc d'un arbre devant lequel je passe, non pour m'assurer de l'existence de l'arbre – dont je ne doute pas –, mais de la mienne.*

**Christian Bobin**

**Fin octobre.**

L'automne est particulièrement doux cette année. C'est le mois le plus chaud depuis 2001. Le temps sec et ensoleillé habille les passants de tenues légères, donne le sourire aux visages et retarde les pathologies habituelles de fin d'année.

En ce jeudi où la douceur extrême de la météo a fait fuir les patients pour lesquels la consultation n'était pas urgente, j'apprécie de terminer ma journée à dix-sept heures, ce qui est très rare.

Malgré de nombreuses visites, je n'ai toujours pas trouvé l'appartement de mes rêves. Il y a toujours quelque chose qui ne me convient pas. Mes critères sont très précis et je ne veux pas faire de concessions. Pour un premier achat, je me donne le choix d'être exigeante. Et puis j'ai le temps ; je vis très bien dans mon petit « cocon » au-dessus du cabinet médical.

Je profite de ce temps libre inespéré pour me balader dans les rues de la ville, puis je m'installe à la terrasse d'un bar afin de boire un verre d'eau pétillante aromatisée au citron. J'aime regarder les gens marcher dans les rues, j'aime imaginer leur vie, j'aime rêver…

Perdue dans mes pensées, je ne fais pas tout de suite attention au couple qui s'installe à quelques mètres de moi… Quand soudain, je n'en crois pas mes yeux ! Mon cœur se met à battre à vive allure ! Le moment que je vis est sans égal, car il s'agit de Xavier accompagné de sa jeune collaboratrice Anna. Tous les deux sont face à face devant un café, en pleine conversation.

Sidérée, je me recroqueville sur ma chaise et je détourne le regard. Après quelques minutes figées dans la stupeur, je prends le risque de les regarder discrètement. En grande discussion qui me semble houleuse, je profite de cette confusion pour quitter la table discrètement et me rendre vers le comptoir afin de régler ma consommation.

Hélas, Anna me reconnaît et m'interpelle. Je suis pétrifiée, mes jambes flageolent et j'ai envie de m'enfuir, mais il est trop tard.

— Bonjour ! Je pense que vous êtes Lisa Mancel ? C'est bien vous qui recherchez un appartement dans Plaisir ? Pourquoi n'avez-vous pas donné suite à votre dossier ?

Tétanisée, je fixe Xavier. Je me prépare mentalement à affronter sa réaction… Il me regarde, me sourit…, mais ne me reconnaît pas. Je suis soulagée, je reprends mes esprits. Cet homme qui fait l'objet de mes pensées depuis tant d'années ne se souvient pas de moi.

— Bonjour, dis-je timidement. Je suis désolée, j'ai dû interrompre momentanément mes recherches pour des raisons personnelles.

Xavier ne semble pas réagir au son de ma voix non plus. Il m'a vraiment oubliée…

— Alors ? Avez-vous trouvé l'appartement idéal ? demande-t-il.

Je respire de soulagement, puis je réponds, sur le ton le plus posé possible.

— Non, pas encore, malgré de nombreuses visites. Mes critères sont exigeants et je me donne le temps.

— Vous avez raison. Il faut avoir le coup de cœur, surtout pour un premier achat. Bon courage pour la suite de vos recherches, enchaîne Anna. Nous restons à votre disposition.

— Merci, bonne soirée.

En fait, je ne sais pas comment décrire mes états d'âme en cet instant. Je suis rassurée d'être passée inaperçue et pourtant je suis mélancolique. Un sentiment incontrôlable de gâchis m'arrache l'esprit, violent, terriblement douloureux, quand je m'éloigne d'eux.

Je prends conscience d'un coup que toutes ces années ravagées par mes remords sont des années perdues à jamais. Je réalise brutalement que la vie est ainsi, terriblement cruelle et surtout, que le temps passé est irrémédiablement passé.

Cette Anna est-elle juste une collaboratrice ou bien un peu plus ? Ils vont si bien ensemble.

Je quitte le bar, je marche encore un peu au hasard des rues puis je rentre chez moi. Il est seulement dix-neuf heures. Un genre de malaise s'abat sur moi ; un sentiment terrible d'abandon m'envahit ; un manteau de tristesse me recouvre lorsque mon portable sonne.

Il s'agit de Phil, mon collègue.

— Bonsoir Virginie. Comment vas-tu ?

Que lui dire, à part que tout va très bien, accompagné de quelques banalités ?

— Ça va ; il a fait très beau aujourd'hui.

— Oui, très chaud. Les patients sont moins nombreux, ça nous laisse un peu de temps libre. En fait, si je t'appelle, c'est pour te proposer de m'accompagner samedi soir à une conférence sur le syndrome de la mort subite du nourrisson. Il y aura le grand professeur Durand qui effectue des recherches sur ce fléau, des collègues pédiatres et des infirmiers et infirmières de l'hôpital. Cela se passera dans une grande salle de l'hôtel Ibis de Saint-Quentin en Yvelines, situé à environ douze kilomètres d'ici. Je t'emmène et je te ramène si tu veux. Qu'en penses-tu ?

Je suis tellement désabusée ce soir que je dirais oui à tout et à n'importe qui. J'accepte tout de suite, mécaniquement.

— Merci Phil ; c'est sympa de venir me chercher et de me raccompagner ; je n'aime pas conduire de nuit.

— Je sais ; je te connais si bien…, enfin un peu quand même. J'aimerais bien te connaître davantage d'ailleurs.

— N'insiste pas, Phil, je ne suis pas prête à dépasser le stade de l'amitié avec toi.

— J'ai bien compris, je voulais plaisanter. Peut-être que si j'avais vingt ans de moins…, mais bon, c'est ainsi. Sinon, après la conférence, une rencontre amicale autour d'un apéro dînatoire est prévue. Ce sera sympa.

Je ne suis pas d'humeur à plaisanter.

— Cela me convient très bien.

— Je passe te prendre à dix-sept heures. Je te souhaite une bonne soirée.

— Merci, Phil, bonne soirée à toi aussi.

Samedi soir, dix-huit heures. Le professeur Durand prend la parole. Son discours sur la mort subite du nourrisson est très enrichissant.

Ce syndrome est le sujet numéro un des jeunes parents. Cela n'arrive pas qu'aux autres, hélas. C'est un décès inattendu de l'enfant, âgé de quelques jours à un an, alors que cet enfant semble en bonne santé.

Le professeur rappelle l'importance du couchage, en particulier d'être endormi sur le dos, sur un matelas ferme et surtout ne rien avoir dans son lit. Il aborde le sujet de la tétine, qui déplaît à de nombreux parents, alors qu'elle semble recommandée pour son effet préventif, sans que l'on sache exactement pourquoi.

J'apprends et je révise énormément sur des connaissances acquises à la faculté. Cette conférence est passionnante, très enrichissante. Les questions fusent. C'est un véritable succès. Le professeur Durand semble satisfait.

Vers vingt heures, c'est le moment de se détendre. Je me dirige vers le buffet lorsque j'aperçois un visage connu, mais je ne sais plus trop où j'ai rencontré cet homme.

Où l'ai-je déjà vu ?

Ça y est ! Soudain, je me souviens. C'est Alex, le mécanicien qui travaille chez Peugeot. Je me dirige vers lui pour le saluer.

Il ne m'avait pas vue, il sursaute.

— Alex ? Que faites-vous là ce soir, à une conférence sur la mort subite du nourrisson ? Ce sujet vous intéresse ? Vous êtes accompagné ?

Alex semble surpris de me voir ici ce soir. C'est vrai que je suis normalement caissière à Auchan. Par quel moyen également ai-je été invitée ? Il toussote.

— Je vous retourne la question.

— Je suis venue avec le docteur Philippe Dumont, un collègue.

— Un collègue ? Vous êtes médecin ?

— Je suis médecin généraliste, Virginie Valmi. Mon cabinet se situe à Plaisir. Je vous ai raconté que j'étais caissière à Auchan pour me donner une autre identité. Je n'avais pas le moral. J'avais envie de changer de peau. Je suis désolée.

Alex soupire puis me regarde droit dans les yeux avec un petit air amusé.

— J'ai fait la même chose que vous. Je me suis inventé une autre profession. En fait, je suis médecin-urgentiste à l'hôpital de Plaisir, je m'appelle Alexandre Parisi.

— Ah d'accord ! Ce qui explique vos si belles mains ?

Alex sourit. J'adore son sourire.

— Ce qui explique surtout ma présence ici, ce soir.

Pendant l'apéritif accompagné de petites douceurs salées et sucrées, Alex et moi blaguons comme des adolescents. Nous en oublions notre entourage. Phil semble se poser des questions sur nous deux.

— Vous vous connaissez ?

Après avoir fait les présentations, j'invente et je dis n'importe quoi.

— Oui ; en fait, j'ai rencontré Alexandre lors d'une soirée entre amis il y a quelques mois. Nous nous retrouvons ici ce soir par hasard.

— D'accord, je vois. Je vais devoir rentrer, Virginie. Je suis fatigué ce soir. Je te ramène ? Ou bien ?

Indécise, je me retourne vers Alex. Ce dernier comprend vite que j'aimerais prolonger la soirée.

— Je vais raccompagner Virginie ce soir.

— OK, répond-il. Je vous souhaite une bonne soirée.

— Merci Phil.

J'explique alors à Alex ma relation avec Phil.

— Phil est un ami que j'apprécie depuis longtemps. Il a l'extrême gentillesse d'accueillir mes patients lorsque je m'absente. Je n'ai pas encore les moyens de m'offrir un remplaçant.

— Il semble avoir des sentiments pour vous.

— C'est un amoureux transi. Je l'apprécie beaucoup, mais juste en ami. Il y a trop d'années d'écart entre nous.

— À propos d'ami, vous êtes célibataire ?

Alex est direct ; j'hésite à répondre.

— Je vis seule, depuis bien longtemps.

— Trop longtemps, j'imagine.

— Peut-être, car je me suis totalement investie dans ma profession. Je gère tout. Je n'ai pas de secrétaire ni de femme de ménage.

— Il n'y a pas que le travail dans la vie. Vous savez autant que moi que l'existence passe vite, surtout les belles années. On se calme à la retraite, mais c'est un peu tard.

— J'en suis pleinement consciente. C'est l'éternel dilemme entre la vie privée et la vie professionnelle.

Alex est terriblement séduisant. Sa voix est grave, sensuelle. Sa barbe naissante accentue sa virilité naturelle. Je dois lutter pour ne pas lui montrer ma gêne.

— Et vous ?

— Je suis célibataire comme vous, mais je sors souvent en discothèque, quand mes horaires me le permettent, pour effacer un quotidien pas toujours facile. J'apprécie les belles rencontres, comme ce soir avec vous…

Je suis totalement troublée.

— Je vois…

— Non, vous ne voyez rien.

— Vous êtes un séducteur…

— Pas autant que cela. J'aime les belles femmes, bien entendu, mais j'estime surtout ce qu'il y a à l'intérieur, sous l'enveloppe corporelle. Ce n'est pas écrit sur leur front à première vue.

— Ce serait bien si l'on pouvait lire au travers des gens.

— Je ne sais pas ; il n'y aurait plus aucun mystère.

— On ferait moins d'erreurs.

— Les erreurs nous font progresser.

Je suis perplexe, car pour ma part, mon erreur personnelle ne me fait pas progresser, mais stagner depuis des années.

Il est très tard, l'hôtel doit fermer.

— Comme promis, je vous raccompagne.

— On y va, dis-je.

Quelques minutes plus tard, la voiture d'Alex stationne devant mon cabinet médical, qui est aussi mon domicile. En voyant son air étonné, j'avoue que je ne sais pas quoi dire.

— Rassurez-moi, Virginie ! Vous n'habitez pas au-dessus du cabinet ?

— Si, je vis ici ; pourquoi ?

— Mais voyons, comment pouvez-vous faire la différence entre le travail et la vie privée dans de telles conditions ?

Je suis confuse, mais je trouve rapidement des arguments.

— Cela me convient très bien ainsi. J'ai beaucoup d'avantages.

— L'avantage de vivre en nonne ?

Je suis vexée, et surtout très fatiguée. Je désire mettre un terme rapide à cette discussion gênante.

— Merci de m'avoir raccompagnée.

— De rien ; je sais désormais où pouvoir vous trouver.

— Me trouver pourquoi ?

— Parce que j'ai envie de vous revoir. Pas vous ?

J'hésite, je le regarde. J'hésite encore, puis une pulsion me pousse à lui noter, sur un petit papier extirpé de mon sac à main, mon numéro de téléphone privé.

— Pourquoi pas ?

Le moment est venu de nous séparer. Un trouble indéfinissable m'envahit.

Nous nous regardons dans la pénombre de la voiture, nous nous devinons sous la lumière des réverbères, nos visages se rapprochent de plus en plus. Alors que notre baiser est imminent, je m'écarte brusquement…

Un beau gosse séducteur comme lui avec une femme névrosée comme moi, cela ne pourra jamais aller !

— Je suis désolée, Alex ; bonne nuit.

— Ce n'est rien ; bonne nuit également Virginie…

La soirée est douce. J'ai envie de ne plus penser, de me laisser aller au bien-être de l'instant

présent. Je me sens mieux ce soir, alors j'écoute
du Cabrel.

> *L'instant d'après le vent se déchaîne*
> *Les heures s'allongent*
> *comme des semaines*
> *Tu te retrouves seule assise par terre*
> *À bondir à chaque bruit de portière*
> *Et ça continue encore et encore*
> *C'est que le début d'accord, d'accord...*
> ***Encore et encore ; Francis Cabrel***

# 12



**Décembre 2005**

C'est le mois de Noël, le mois où je vais pouvoir retrouver ma mère et ma jeune sœur en Normandie. Je m'accorde une semaine entière de vacances afin de profiter de ma chère famille pendant la semaine du 25 décembre. Phil accepte de recevoir mes patients pendant cette période. Il ne me refuse rien. C'est vraiment un collègue sur lequel je peux compter.

Depuis le décès brutal de mon père, j'ai pris conscience de la fragilité de l'existence, des instants heureux qui passent et qui ne reviennent jamais. Ce sont les choses essentielles de la vie.

Le souvenir de Xavier me hante encore, surtout pendant la nuit, tel un fantôme qui refuse de quitter mon mental. Je voudrais tant l'oublier, mais je ne sais pas. L'avoir aperçu deux fois par hasard, avoir entendu le son de sa voix et réaliser qu'il ne se souvient pas de moi accentuent mon malaise. Pourtant, c'est beaucoup mieux ainsi.

Comment aurais-je réagi si Xavier m'avait reconnue ? Qu'aurais-je dit ? Quelle aurait été ma réaction ?

Je pense que je n'aurais pas eu le courage de remuer le passé, par pudeur.


Lundi soir. Je viens de terminer ma journée de travail. Il est dix-huit heures et le temps est très doux. Je marche nonchalante dans les rues de Plaisir pour admirer les illuminations de Noël qui éclairent de magie les rues de la ville. Je regarde les vitrines décorées de mille feux. J'observe les gens, surtout les enfants qui doivent décompter les jours avant l'arrivée du père Noël.

C'est tellement essentiel de croire au père Noël quand on est un enfant, de vivre dans un imaginaire idéal. Il est important de se créer des rêves quand on est petit. Un enfant heureux fera un adulte plus fort pour affronter la vie et ses problèmes.

Je me souviens encore de mes jeunes années de petite fille heureuse, alors que ma sœur n'était pas encore née, dans mon univers rempli de poupées, de peluches et de livres remplis d'images qui coloraient mes rêves de magie. Ces souvenirs de moments enchantés marquent pour toujours notre vie d'adulte.

Malgré de nouvelles visites de biens dans de nombreuses agences immobilières – à part celle de Xavier, bien entendu –, je ne trouve toujours pas l'appartement de mes rêves. Il existe en permanence un de mes critères importants qui m'empêche de me positionner.

Amélie pense que je suis trop exigeante, mais ce n'est pas elle qui achète. Elle en perd l'envie de visiter les biens avec moi. Je gère ces visites toute seule désormais. Quand mon choix sera définitif, elle sera prête à me donner son avis. Elle est convaincue que je ne suis pas très motivée, elle a peut-être raison.

Je ne lui ai pas dit que j'avais revu Xavier une seconde fois par hasard et qu'il ne m'avait pas reconnue. Je ne veux plus l'ennuyer avec mes états d'âme compliqués alors qu'elle doit gérer des cas beaucoup plus graves que le mien.

Après la conférence du professeur Durand, Alex n'a pas mis beaucoup de temps pour me contacter sur ma ligne privée.

Après réflexion, nous préférons rester de simples amis. Il sait très bien que je ne cherche pas une aventure éphémère. De son côté, cela lui convient très bien de sortir avec une collègue qui sait résister à son côté séducteur.

Nous rions désormais de bon cœur au mensonge de notre première rencontre. Grâce à lui, je sors un peu plus. Nous allons au restaurant, en discothèque, au cinéma et au théâtre. Nous aimons discuter, échanger nos idées sur beaucoup de sujets et surtout, ne pas nous prendre au sérieux.

Pourtant, il existe souvent beaucoup de non-dits et de silences compliqués entre nous. En fait, nous aimerions peut-être nous engager plus dans cette relation, mais nous avons du mal à communiquer. Nous avons des personnalités si différentes…

Alex est un homme sans problèmes, qui est doué pour l'autodérision et qui sait savourer les plaisirs simples. Il aime les instants présents, il aime la vie, il aime les femmes, il aime rire, il aime se moquer de lui-même, il aime se moquer de moi, et surtout de mon côté coincé.

Il me plaît, il m'attire, mais j'ai trop peur d'une relation sentimentale avec lui. Je crains de gâcher notre amitié. Il est trop bien dans sa peau pour se permettre de se poser des questions avec une femme introvertie comme moi.

Notre amitié vaut de l'or…

Je ne lui ai rien dit de mon passé, de mes douleurs, de mes traumatismes. Je ne sais encore rien de lui, de ses parents, de son enfance, de son adolescence et de son parcours.

J'aimerais le connaître davantage.

Ce soir, nous sommes là, dans un bar, face à face, devant une bière de Noël. Je lui demande.

— Que fais-tu à Noël ?

Alex semble surpris.

— Je suis de garde, comme tous les ans.

— De garde ? Ce n'est pas de chance…

— C'est moi qui demande à être de garde.

— Mais pourquoi ?

— Parce que j'ai horreur des fêtes de fin d'année.

Je réfléchis, puis je réponds.

— Comme moi…

Alex semble intrigué.

— Pourquoi « comme moi » ?

— Parce que je n'aime pas ressentir le bonheur des autres quand ça ne va pas.

— Eh bien, pour moi de même… Mais pourquoi « ça ne va pas » ?

— C'est compliqué…

— Pour moi aussi, « c'est compliqué ».

Nous nous observons, nous marquons une pause puis Alex commande deux autres bières. Il se décide enfin à se confier.

Alex m'explique alors son enfance. Il est fils unique. Sa mère l'a élevé en mère célibataire. Son père ne l'a pas reconnu à sa naissance, car celui-ci était marié. Alex n'a jamais essayé de faire des recherches pour le retrouver.

Très jeune, vers treize ans, il a dû accepter un beau-père qu'il détestait. Cet homme était un pervers qui manipulait le mental de sa mère pour l'éloigner de lui et ainsi briser leurs relations entre mère et fils. Il a réussi à se forger une carapace puis s'est plongé dans ses études.

Après son Bac, grâce à sa détermination et à sa ténacité, il a franchi toutes les étapes de ses études de médecine. L'amour puissant de sa mère qui croyait en lui malgré toutes les difficultés du quotidien ne l'a jamais abandonné.

Désormais, le beau-père est décédé dans un accident de la route et sa mère vit seule. Elle est libérée de son emprise, soulagée d'avoir retrouvé sa liberté et sereine avec sa solitude devenue son amie.

Jeune retraitée, elle habite à Biarritz, dans un bel appartement situé dans une résidence calme et verdoyante, avec une vue magnifique sur la mer.

— Vous vous voyez souvent ?

— Quand mon travail me le permet.

— Quel âge a ta maman ?

— Elle vient d'avoir soixante ans. Elle est en retraite maintenant.

— Quelle était sa profession ?

— Institutrice, de très jeunes enfants. Elle adorait son métier.

— C'est un beau métier. J'imagine que les enfants lui manquent.

Je marque une pause, puis j'insiste. À cet instant, je pense à ma propre mère qui n'a pas su m'aider quand j'ai eu besoin d'elle.

— Essaie d'aller la voir plus souvent, sors un peu moins avec tes amis et prends le temps de lui dire que tu l'aimes… C'est important !

— Virginie, je sais tout cela. Je fais ce que je peux. J'ai horreur que l'on me rappelle ce que j'ai à faire.

— Comment s'appelle-t-elle ?

— Lysiane.

— C'est très joli et peu commun.

— C'est aussi joli que ma mère est unique.

— Tu l'aimes, alors ?

— Je l'adore…

— Tu lui as pardonné de t'avoir imposé ce beau-père durant ton adolescence ?

— Bien sûr que je lui ai pardonné, car cet homme semblait normal au début. Ma mère était amoureuse. Cela me faisait plaisir de la sentir heureuse. C'est une victime, comme tant d'autres femmes.

Je suis ravie qu'Alex soit aussi proche de sa mère. Il n'a que trente ans et il a manqué de repères, surtout de l'amour d'un père. Il s'est construit tout seul et a travaillé énormément pour devenir médecin. Je l'admire beaucoup.

Il intervient.

— Et toi ? Parle-moi de toi. J'ai envie de connaître davantage de choses sur ton enfance, ton adolescence, ton parcours…

Je soupire, car je déteste me confier.

— Bof ! Rien de bien intéressant. Je ne vais parler que de banalités, car je veux garder mes secrets. Ils font partie de moi, de mon être, de mon âme et de mon mal de vivre.

Alex ressent le malaise.

— Tu possèdes bien une mère et un père comme tout le monde ? demande-t-il, légèrement énervé.

— Bien entendu.

Il insiste, alors je me confie un peu plus.

— Ma mère Louise a soixante-trois ans. Mon père Henri est décédé brutalement il y a très peu de temps. Ma mère se console comme elle le peut, grâce à son investissement dans ses œuvres caritatives, avec le soutien de sa meilleure amie Angèle, aussi croyante qu'elle.

— Tu n'es pas croyante ?

— Je suis baptisée, j'ai été élevée dans une éducation catholique très stricte, mais je ne crois pas en Dieu.

— Tu as des frères et sœurs ?

— J'ai une sœur, Floriane, qui a huit ans de moins que moi. Je vais passer les fêtes de Noël avec ma mère et ma sœur.

— Voilà ! Ce n'est pas si difficile de parler de soi !

— Je suis désolée, Alex. J'ai du mal avec certains éléments de mon adolescence.

— Tu as fait un effort, c'est bien.

C'est vrai, j'ai fait enfin l'effort de parler de moi. Alex me donne envie de me confier. C'est un homme rassurant. Sa présence me fait du bien.

— J'aime mon célibat, dis-je.

— J'avais compris. Tu sembles être une forteresse que personne ne peut conquérir.

— Tu m'as bien cernée. Pour le moment, personne. Je suis assez méfiante dans ce domaine.

Alex soupire, puis me regarde droit dans les yeux.

— Je devine en toi un secret trop lourd à porter toute seule.

Je me braque.

— Pardon ? Comment peux-tu dire cela ?

— Je le dis parce que je le sais, c'est une évidence. Tu ne vis pas, tu sors peu – un peu plus grâce à moi –, tu travailles trop, tu supportes ta vie, c'est dommage…

Alex a tout deviné, mais je ne me sens pas encore capable de lui expliquer.

— C'est vrai que j'ai beaucoup souffert lorsque j'étais jeune fille. Je suis surprise que tu l'aies deviné sans me connaître.

— C'est parce que tu me plais. Il n'y a pas de mystère. Peut-être que je sais lire dans tes pensées ? Qui sait ?

Cet homme est direct. Je suis gênée.

— Je suis trop compliquée pour toi…

— Toutes les femmes sont compliquées. J'aime tenter de les comprendre. J'ai dû en être une dans une ancienne vie…

— Tu les aimes beaucoup trop pour n'en garder qu'une, c'est ça !

— Tu as tout compris ! Mais ça, c'était avant de te rencontrer, me répond-il avec un clin d'œil.

— Tu aimes trop ta liberté !

— Qu'en sais-tu ?

Je souris, j'apprécie cette autodérision qui le rend si attachant. C'est un homme au charme ravageur. Quel dommage que je sois si torturée ! J'ai beaucoup de chance qu'il soit mon ami et surtout, qu'il respecte mes doutes.

— Je vais devoir rentrer chez moi, dis-je. J'ai de gros dossiers à transmettre à Phil avant de partir chez ma mère.

— J'imagine ; on s'appelle à ton retour ?

— Si tu ne m'as pas oubliée, bien sûr.

— Comment oublier une femme comme toi ?

— Tu es gentil, mais rassure-toi, je suis une femme ordinaire.

— Ce n'est pas mon avis. Tu es une femme séduisante, cultivée et passionnante. Je te souhaite de passer de bonnes vacances en famille.

— Merci Alex.

Je rentre chez moi, le cœur léger. Alex a le don de me comprendre, de me cerner et pourtant je m'interdis d'aimer un séducteur comme lui. Il est trop beau, trop indépendant, trop optimiste, trop différent de moi. En fait, il est « trop » pour moi. Je veux bien le garder en collègue et ami, mais il ne se passera rien de plus. Je ne veux pas prendre le risque de souffrir…

La soirée est calme. Je prends le temps de préparer les fiches de mes patients à problèmes pour mon collègue Phil. Ensuite, je me dirige vers la salle de bain puis je me prépare un plateau-repas devant la télé.

Rien ne m'accroche ce soir. J'ai besoin de me détendre. Je préfère m'allonger sur mon lit, penser aux gens que j'aime et écouter la musique qui m'apaise…

*La même nuit que la nuit d'avant*
*Les mêmes endroits deux fois trop grands*
*T'avances comme dans des couloirs*
*Tu t'arranges pour éviter les miroirs*
*Mais ça continue encore et encore*
*C'est que le début d'accord, d'accord…*
*Quelque chose vient de tomber*
*Sur les lames de ton plancher*
*C'est toujours le même film qui passe*
*T'es toute seule au fond de l'espace*
*T'as personne devant… personne…*
***Encore et encore ; Francis Cabrel***

# 13

*Le temps ferme toutes les blessures, même s'il ne nous épargne pas quelques cicatrices.*

**Marc Levy**

**Samedi 24 décembre.**

Le train qui me mène au terminus, soit à la gare de la ville de Cherbourg, est ponctuel. À dix-huit heures précises, je me retrouve dans le hall avec ma valise remplie de cadeaux et de tendres douceurs pour ma mère et ma sœur. J'attends le taxi qui va me conduire à la maison de mon adolescence, la maison familiale de tous mes souvenirs, mais aussi de toutes mes douleurs.

L'indélébile douleur de ma jeunesse…

Devant la porte de la maison, le malaise ressurgit. Depuis le décès de mon père, l'émotion est toujours aussi forte. Je sonne, ma mère ouvre la porte. Nous nous embrassons, mais elle semble pressée, à peine contente de me revoir.

— Bonsoir ma chérie. Je t'attendais avec impatience pour avoir le plaisir de t'accueillir, car je dois me trouver à l'église vers dix-neuf heures, afin de préparer la messe de Minuit avec mes amis paroissiens. Tu as fait bon voyage ?

— Très bon, maman.

— Va déposer ta valise dans ta chambre et détends-toi. Je rentre vers vingt heures pour le repas du réveillon. J'ai invité Angèle aujourd'hui étant donné qu'elle est seule pour les fêtes.

Angèle, encore et encore…

— Floriane est là ?

— Elle va arriver vers vingt heures. Elle a travaillé toute la journée.

— Tu veux que je t'aide pour le repas ?

— Surtout pas. J'ai tout commandé chez le traiteur.

Je suis déçue. L'accueil est froid, trop vite expédié. J'ai le sentiment d'être une inconnue. Je retiens mes émotions et je mesure mes paroles.

— C'est dommage, j'aurais aimé préparer le repas de Noël avec toi.

— Je ne me souvenais pas à quelle heure tu arrivais exactement.

Je n'ai pas envie d'argumenter ce soir. Cela ne servirait à rien, juste à faire ressortir les silences du passé.

Nostalgique, je me dirige à l'étage vers la chambre de mon adolescence, celle où j'étais encore innocente avec l'esprit plein de projets d'avenir. Après m'être rafraîchie puis habillée en tenue élégante pour le réveillon, je me remémore mes jeunes années.

Rien n'a changé. Sur mon chevet, il y a encore la photo de mon père, les bras tendrement enlacés autour de ma sœur et moi. Nous étions toutes petites filles. Notre mère avait pris cette photo alors que notre père revenait de mission. Son regard bienveillant immortalisé sur cette image exprime son bonheur de nous retrouver.

Le grand coffre à jouets en bois de mon enfance est toujours là, au même endroit, dans un coin de ma chambre. Il crie au secours. Il a envie que je l'ouvre et que je caresse à nouveau les bonheurs de ma tendre jeunesse, avant que tout bascule.

Je saisis ma poupée *Barbie* préférée, celle pour qui je réalisais de jolis vêtements, selon mes propres modèles, avec la machine à coudre de ma mère. Et puis enfouis sous les *Play Mobil*, sous les poupées de toutes tailles et sous les figurines *My Little Pony* de toutes sortes, je découvre l'amoureux de *Barbie*, ce fameux *Ken*.

Il est tout nu, abandonné parmi les jouets. Il n'a pas réussi à capter mon attention à l'époque autant que mes poupées. Je le replace tendrement à côté de *Barbie*.

Je me souviens surtout de ma douzième année. À cette époque, nous habitions à Toulon. Floriane était seulement âgée de quatre ans. Je m'occupais d'elle comme une véritable petite maman. Ma mère toujours débordée et mon père souvent absent de longues semaines n'apportaient pas l'amour indispensable à Floriane pour calmer ses peurs nocturnes et lui raconter des histoires. J'aimais la rassurer le soir et rester à côté d'elle jusqu'à ce qu'elle s'endorme.

Tout était limpide. Mon univers de petite fille était coloré de rêves sans nuages. J'avais confiance en mon destin qui ne m'avait pas avertie que cinq ans plus tard, j'allais être brisée par un évènement dramatique hors de contrôle.

Un peu fatiguée par la semaine de travail intense et par le voyage, je m'allonge quelques instants sur mon lit lorsque mon regard se pose sur une petite commode en pin clair, munie de trois tiroirs, qui n'était pas là lorsque je suis venue la dernière fois chez ma mère. Je suis intriguée. Ma curiosité me pousse à les ouvrir.

Tout ce que je découvre appartient à mon enfance, alors je suis émue. Il y a des vêtements de poupée, beaucoup d'animaux en peluche et de nombreux coquillages ramassés sur une plage de Toulon que je prenais soin de vernir pour les conserver. Puis je reconnais un petit carnet dans lequel j'aimais écrire mon quotidien de petite fille studieuse.

Dans le tiroir le plus bas, j'aperçois une pochette en carton qui m'interpelle, car elle est bien cachée sous de multiples jouets. Je l'ouvre délicatement et j'y découvre les dessins que je faisais à l'école à cette époque. Par inadvertance, une grande enveloppe glisse et tombe à terre. Je la saisis puis je parcours rapidement ce qu'elle contient…

Les larmes aux yeux, je réalise qu'il s'agit de tous les documents relatifs à mon interruption volontaire de grossesse du 20 août 1990.

Je suis sidérée…

Ma mère a donc pris soin de bien cacher ce dossier afin que personne ne puisse le découvrir et surtout pas que mon père apprenne que j'étais enceinte. Le sentiment de honte et d'humiliation qu'elle éprouvait envers moi était insupportable pour elle et ses croyances religieuses.

Ces souvenirs sont douloureux, mais je dois oublier, surtout ce soir. Je ferme la porte de ma chambre et je décide d'aller marcher dans les rues de la ville pour respirer le bon air vivifiant du Cotentin et me changer les idées.

Les blessures doivent cicatriser, la magie de Noël doit opérer, pour moi aussi…

Il fait bon pour un soir d'hiver. L'air frais me redonne de l'énergie. Les visages des familles sont heureux et épanouis. Les parents savent qu'ils seront responsables du plus beau jour tant attendu de leurs chères petites têtes blondes en cette veille de Noël, alors ils sont radieux.

Je me souviens encore de mes émotions quand je découvrais les multiples cadeaux au pied du sapin. Je revis ces instants merveilleux dans mes souvenirs de petite fille. Serais-je un jour maman pour revivre ces moments de grâce ?

Il est vingt heures trente quand je rentre. Je n'ai pas vu le temps passer. Je sonne à la porte de la maison. Floriane m'accueille.

— Bonsoir petite sœur, dis-je.

— Eh bien alors ? s'exclame-t-elle. Tu ne veux plus passer Noël avec nous ?

— Si, bien sûr. J'ai eu envie de me balader dans la ville. Je suis en vacances si rarement que j'en profite pour me détendre.

— Je blague, nous avons tout le temps ce soir ; viens t'installer.

— OK.

Angèle et ma mère sont déjà à table, en grande discussion. Je salue de loin sa fidèle amie qui me demande comment je vais. Je lui réponds sur un ton neutre que tout va bien.

Voyons Angèle, pourquoi n'irais-je pas bien ?

Le repas se déroule tranquillement, dans la pudeur du souvenir de notre cher papa. Les plats cuisinés du traiteur sont savoureux. La bûche glacée est un délice. Nous terminons ce dîner avec quelques mandarines et un café bien fort.

La messe de Minuit, à l'église, où sont présentes ma mère et Angèle, me permet de rester seule avec Floriane. Nous avons beaucoup de choses à nous dire, au sujet de notre travail, de notre quotidien, de la vie en général… Nous apprécions de nous retrouver au calme en cette soirée familiale.

Vers une heure trente, fatiguée, elle décide de rentrer chez elle. Pour ma part, je vais me coucher, encore troublée par ce que j'ai découvert dans ma chambre, ce document qui a ravivé le traumatisme de mon adolescence.


Le lendemain dimanche, c'est le jour de Noël. Angèle est encore présente ce midi. Je dois la supporter, je n'ai pas le choix.

C'est un jour de joie et d'apaisement pour la plupart des gens pourtant mon cœur n'y est pas vraiment. Le décès brutal de notre père – avec tous les souvenirs qui n'ont pas voulu mourir avec lui – me rappelle les moments heureux quand il était à la maison.

Floriane ne dit pas grand-chose, elle est rêveuse. Par contre, notre mère est très volubile. Elle est enchantée de passer Noël avec ses filles et ne cesse de faire des commentaires gratifiants sur le traiteur qui a préparé toutes ces bonnes choses. Ce midi, nous dégustons la fameuse dinde de Noël accompagnée de pommes de terre façon duchesse. En dessert, la bûche pâtissière aux trois chocolats est un régal.

Pourtant, la sérénité que je recherche ne viendra pas aujourd'hui. Je me sens mal à l'aise. La communication entre ma mère et moi n'est pas facile. C'est comme si un mur s'était construit au fil du temps entre elle et moi, un mur invisible pour les autres, mais surtout invincible pour moi.

J'ai pourtant plus ou moins pardonné cette interruption volontaire de grossesse que l'on m'a imposée, mais le fait d'avoir déniché ce fameux dossier tabou a ravivé le passé en moi. La peine ressurgit toujours quand je ne l'attends plus.

Après ce bon repas, c'est la remise des cadeaux. J'ai acheté du parfum pour ma mère et ma sœur, car je connais leurs goûts. Pour ma part, je reçois des romans d'un auteur que j'apprécie beaucoup. Heureusement, je ne les ai pas encore achetés. Je vais avoir le plaisir de les lire.

Puis je prétexte d'avoir trop abusé des bons petits plats pour aller prendre l'air. Floriane désire m'accompagner. Notre mère insiste pour tout remettre en ordre avec l'aide d'Angèle. Elle semble ravie de nous voir ensemble, en harmonie, comme avant, quand nous étions petites filles.

Il fait bon en ce dimanche de Noël. Nous marchons au hasard des rues de la ville, sans but précis. Pendant notre parcours, nous croisons des familles aux visages souriants avec des enfants comblés qui peuvent enfin profiter des cadeaux tant convoités du père Noël.

Le regard ému et attendri des parents que je rencontre me trouble. Je pense et je repense encore à cet enfant que je n'ai pas eu, que la vie a arraché à mon ventre. Je lutte pour oublier, mais c'est plus fort que moi, je ne sais pas fermer totalement ce chapitre de ma vie, surtout quand je vois des enfants. Je sais que je dois tourner la page, mais l'émotion est toujours omniprésente.

Nous marchons tranquillement ainsi depuis un long moment lorsque Floriane désire marquer une pause. Nous décidons de nous installer sur un banc public.

Elle se tourne alors vers moi et m'exprime ces quelques mots.

— J'aimerais te parler sérieusement.

— Me parler ? De quoi ?

— De ma vie privée.

Je suis intriguée, mais ravie. Floriane va certainement m'annoncer une bonne nouvelle.

— Dis-moi tout.

— Tu sais que je viens de trouver un appartement en location ?

— Oui, je sais, car maman m'en a parlé.

— Et tu sais grâce à quelle personne ?

— Non.

— C'est grâce à mon patron.

Je crois comprendre…

— Ne serait-ce pas plus qu'un patron ?

Elle rougit, regarde le sol, puis le ciel et me répond sur un ton qui se veut le plus neutre possible. Malgré tout, son excitation est évidente et son regard s'illumine.

— En fait, nous sommes ensemble depuis quelques mois.

— Cachottière ! Je me doutais que tu étais amoureuse… Tu me sembles mystérieuse, plus rêveuse, beaucoup moins bavarde. Maman est au courant ?

— Elle sait que j'ai un ami, mais elle ne le connaît pas encore. J'aimerais te le présenter.

— Déjà ? C'est sérieux ?

— Je crois, car je suis plus souvent chez lui que chez moi.

— Comment s'appelle-t-il ?

— Il s'appelle Xavier.

Décidément, encore un Xavier ! Floriane ressent ma surprise.

— Tu n'aimes pas ce prénom ?

— Si bien sûr. Je suis troublée parce que j'ai connu un jeune homme qui se prénommait Xavier quand j'étais jeune fille. Cela me rappelle des souvenirs.

— De bons souvenirs, j'espère…

— Bof ! C'est une histoire ancienne qui a duré peu de temps, un amour de jeunesse.

Floriane sourit. Elle est heureuse et j'aime son bonheur, car elle ne fait pas semblant. Elle semble soulagée de m'en parler. Elle a déjà connu quelques aventures, mais jamais bien longtemps.

Elle est touchante avec ses yeux qui brillent et ses joues toutes rosées.

Ma petite sœur est un diamant pur. Elle n'est pas encore abîmée par les tourments de la vie. Elle sait profiter de l'instant présent, elle est de nature optimiste et elle croit en l'amour qui dure.

J'aimerais tant être comme elle, mais ce sera difficile maintenant. Le temps qui passe me rend de plus en plus méfiante envers les hommes. Obnubilée par le travail, toujours égale à moi-même, je tente de ne pas me disperser afin de garder le contrôle de mes sentiments qui se sont enfermés au fil du temps dans un recoin de mon cœur.

Mon ami Alex a deviné en moi beaucoup de souffrances sans connaître la véritable raison de mon désarroi.

Je suis désenchantée…

Il est déjà dix-huit heures et la nuit est tombée depuis bien longtemps. Nous décidons de rentrer.

À la maison, notre mère s'affaire dans la cuisine pour préparer le dîner. Elle prépare un repas léger avec le restant de la dinde du midi accompagnée d'une salade verte, un plateau de fromages variés puis quelques fruits de saison pour le dessert. Nous serons enfin entre mère et filles, dans l'intimité de notre seule famille, sans Angèle cette fois-ci.

Enfin, ce n'est pas trop tôt !

La soirée est sereine, sans aucune arrière-pensée. Le bonheur a pris le dessus, malgré ces quelques contrariétés. Ma mère profite de ses deux filles lors de cette fête de Noël. Elle est radieuse.

Tout se passe bien, c'est l'essentiel…

Il est minuit. Allongée sur le lit de mon enfance, j'apprécie la douceur du moment. Je n'ai pas envie de dormir maintenant, alors j'écoute mon chanteur préféré avant d'aller me serrer dans les bras de Morphée.

*Si c'est vrai qu'il y a des gens qui s'aiment*
*Si les enfants sont tous les mêmes*
*Alors il faudra leur dire*
*C'est comme des parfums qu'on respire*
*Juste un regard*
*Facile à faire*
*Un peu plus d'amour que d'ordinaire*
***Il faudra leur dire ; Francis Cabrel***

# 14

*Puisqu'on vit dans la même lumière*
*Même s'il y a des couleurs qu'ils préfèrent*
*Nous on voudrait leur dire*
*C'est comme des parfums qu'on respire*
*Juste un regard*
*Facile à faire*
*Un peu plus d'amour que d'ordinaire*
***Il faudra leur dire ; Francis Cabrel***


**Lundi 26 décembre.**

Blottie dans la chaleur du lit de mes jeunes années, sous la couette toute chaude, je n'ai pas envie de me lever trop vite. Je réalise que je suis en vacances, alors je peux enfin prendre tout mon temps et vivre à mon rythme.

Dans la maison règne un silence absolu. À Plaisir, la rue de mon cabinet est assez bruyante, dès le matin très tôt. C'est un véritable délice de pouvoir profiter de ces moments où je peux me ressourcer pleinement, en toute tranquillité.

J'enfile un peignoir puis je me dirige vers la cuisine, afin de me préparer un café bien fort. La pendule affiche dix heures trente. Sur la table, il y a un petit mot de ma mère pour moi. Elle est partie à l'église rejoindre Angèle pour remettre tout en ordre après ces fêtes de Noël.

Cela ne me contrarie absolument pas, bien au contraire, car c'est rassurant de sentir qu'elle ne s'ennuie jamais. Je préfère qu'elle soit ainsi, très active, plutôt que de déprimer sans son mari.

Que vais-je faire aujourd'hui ? Je n'ai rien de prévu en particulier, sinon de profiter de ce temps libre pour oublier ma vie parisienne et me reposer. J'ai projeté de ne rentrer à Plaisir que vendredi après-midi. J'ai toute la semaine pour me détendre et pour respirer le bon air iodé et tonifiant du Cotentin.

En ce lundi, Floriane travaille à l'agence. Son jour de congé est le mardi, soit demain. Nous pourrons apprécier cette journée ensemble pour nous distraire et surtout, pour nous parler. Je crois qu'elle a beaucoup de choses à me dire sur son amoureux. C'est une relation sérieuse, d'après ce que j'ai cru comprendre. Elle a envisagé de me le présenter, mais quand ? Je ne sais pas encore. Je suis impatiente de connaître l'homme qui a fait chavirer le cœur de ma petite sœur.

Il fait très froid ce matin. J'ouvre la porte d'entrée et je découvre que la neige est tombée pendant la nuit. Le spectacle est magnifique !

La nature est immaculée de blanc, presque intacte, avec seulement quelques traces de pneus qui ne perturbent en rien la beauté du paysage. Avec la proximité de la mer, la couche neigeuse ne reste pas longtemps dans la région. Je décide de savourer ces moments rares en Normandie.

Je m'habille chaudement et je pars faire une balade à pied dans les rues de la ville, avec l'envie de ne penser à rien, juste au bonheur de me détendre, lorsque mon portable sonne. C'est Floriane.

— Virginie ? Comment vas-tu ?

— Ça va très bien. Je me promène à pied, j'admire les paysages enneigés, surtout en cette période de Noël. C'est magique. Je veux profiter de cette belle nature qui m'apaise.

— Ça te dirait de venir chez moi ce soir, après mon travail, prendre l'apéritif ?

— Je ne sais pas encore où tu habites.

— Justement, ce sera l'occasion de visiter mon petit appartement. Je t'envoie l'adresse sur ton portable.

— À quelle heure ?

— Dix-neuf heures trente, environ.

— D'accord.

— Je voudrais seulement te prévenir d'un détail.

— De quoi ?

— Mon ami sera là, si cela ne te dérange pas. Je voudrais te le présenter.

— Ton ami, c'est-à-dire ton patron ?

— Oui, c'est ça, mon patron.

— Cela fait longtemps que vous vous fréquentez ?

— Cela fait six mois environ. Nous nous aimons très fort. Nous faisons des projets et surtout, nous envisageons d'acheter une maison dans la région pour avoir plus d'espace.

— Tu vas peut-être un peu vite, selon mon humble avis. Méfie-toi des coups de foudre. Ils sont souvent voués à l'échec.

— Je sais, mais pour lui, c'est différent. Nous sommes vraiment très amoureux et nous aimerions nous engager sérieusement.

— Alors à ce soir, je suis impatiente de découvrir ton prince charmant…

Quand je rentre à la maison, vers treize heures, je découvre ma mère et Angèle installées dans le canapé du salon, en pleine discussion devant un thé. Elles sont toutes deux absorbées devant des documents éparpillés sur la table basse.

J'embrasse ma mère que je n'ai pas vue ce matin et je salue Angèle d'un geste de la main. Ensuite, je me dirige vers la cuisine pour me préparer un petit plateau-repas, puis je vais dans ma chambre. Je n'ai pas envie de discuter avec cette Angèle, cette femme que je ne supporte pas.

Détendue par cette marche matinale dans la neige, heureuse de ressentir ma petite sœur radieuse, soulagée de constater que ma mère a su dominer la disparition brutale de mon père, je me laisse enfin aller à la vie toute simple.

J'aimerais avoir des nouvelles d'Amélie. Je lui envoie un texto. Celle-ci ne tarde pas à me rappeler.

— Coucou ! Comment vas-tu ?

— Bien ! Enfin, je me repose totalement ! Floriane travaille cette semaine et ma mère est toujours partie. Elle s'investit beaucoup dans ses passions.

— Et toi ? Parle-moi de toi.

— Tout va très bien. J'oublie un peu mes patients ici.

— Tes patients ? J'espère que tu les as complètement reniés pendant ces jours de repos ! Pense un peu à toi !

— J'ai appelé Phil ce matin. Il n'y a aucun problème. J'essaie de faire le vide dans ma tête, mais ce n'est pas si facile, car les souvenirs de mon adolescence sont terriblement présents ici, dans la maison de ma jeunesse. Ce soir, je vais faire la connaissance de l'amoureux de ma sœur Floriane. Je suis impatiente. Je me demande bien quel genre d'homme a le don de la rendre si amoureuse, au point de construire son futur avec lui. Et toi, comment vas-tu ?

— Je vais plus que bien. J'ai passé de merveilleuses fêtes de Noël avec mes parents, mon frère, ma belle-sœur et mes deux adorables petites nièces, Emma et Rose. À mon humble avis, elles ont eu beaucoup trop de cadeaux à Noël, mais c'est le problème de leurs parents. Je ne peux rien dire.

— J'imagine, car tu as horreur des enfants trop gâtés.

— Évidemment, car je pense que ce n'est pas la meilleure solution pour les préparer à leur future vie d'adulte. Personne ne connaît l'avenir qui les attend. Elles n'auront peut-être pas le même pouvoir d'achat que leurs parents quand elles seront adultes.

— Je suis entièrement d'accord avec toi. Le père Noël doit être très riche !

— Hélas oui, je le pense aussi. Je suis désolée, je dois te laisser, j'ai un double appel. Je t'embrasse, à très vite.

— Je t'appelle quand je serai rentrée à Plaisir.

— OK.


L'appartement où habite Floriane est situé à environ un kilomètre de notre maison familiale.

Le vent est froid. Pourtant j'ai envie de me rendre à pied chez ma sœur. La marche va me faire du bien. Je ressens le besoin vital de faire le vide dans ma tête, de croiser des gens, de leur adresser un sourire, d'oublier mes patients ainsi que ma vie trépidante à Plaisir que m'impose ma profession.

Sur mon chemin, je regarde les arbres dont les branches sont alourdies par des flocons tout neufs ; je plains les oiseaux qui recherchent un peu de nourriture dans le sol, au travers de la couche de neige ; j'apprécie la caresse timide du soleil d'hiver sur mon visage.

Dans la rue, je regarde tendrement les enfants qui testent leurs cadeaux du père Noël, tels que les poussettes avec leurs bébés aussi vrais que nature pour les petites filles et les voitures à pédales tellement ressemblantes aux bolides de leurs rêves pour les petits garçons.

La neige est encore présente et les flocons doux comme du coton recommencent à tomber. Ces instants magiques sont silencieux, reposants et me ressourcent. Ces moments-là me font du bien. J'essaie de les immortaliser dans les albums de mes futurs souvenirs.

À dix-neuf heures quarante-cinq, je sonne à l'interphone de l'appartement de Floriane. Je ressens soudainement la fatigue. J'embrasse ma sœur, j'entre dans son salon et je m'affale sur son canapé.

— Ça va ? s'inquiète-t-elle.

— Je suis venue à pied.

— Mais tu es inconsciente ! Il y a plus d'un kilomètre ! Xavier serait passé te chercher si tu avais demandé. Son agence est tout près de chez maman.

— Je sais, mais j'avais envie de marcher, de me changer les idées. De plus, j'adore me promener dans la neige, surtout quand elle vient de tomber. Je crois aussi que cette région de Normandie me manque. C'est un réel plaisir d'y revenir quelques jours. La vie parisienne est si intense.

— Je te comprends. Tu veux boire quelque chose en attendant Xavier ?

— Volontiers. Je veux bien quelque chose de bien énergétique et bien fort.

— Du punch fait maison ?

— Très bonne idée. Tu le fais toi-même ?

— Bien entendu, car Xavier m'a donné la meilleure des recettes. Celle qui a été transmise de père en fils et jamais inégalée.

La grande pendule du salon affiche vingt heures trente et toujours pas de Xavier. C'est mon deuxième verre de punch. La fatigue physique se fait ressentir. Je lutte pour rester éveillée.

— Il se fait désirer ton chéri.

— Hélas, je sais, mais j'ai l'habitude. Il doit répondre à de nombreux appels de clients qu'il n'a pas eu le temps de rencontrer durant la journée. Il ne va certainement plus tarder, sinon il m'aurait prévenue.

— Si à vingt et une heures il n'est toujours pas là, j'appelle un taxi et je rentre.

— Je comprends, car tu dois être fatiguée. Dans ce cas, je te le présenterai un autre jour.

— C'est ça, un autre jour. Mes vacances se terminent vendredi, nous avons le temps.

Quand soudain !

La porte d'entrée de l'appartement s'ouvre avec douceur. L'homme emmitouflé pénètre dans le couloir. Il enlève son manteau, son écharpe, son chapeau et ses gants puis se dirige vers le salon. Il embrasse Floriane tout en s'excusant de son retard. Il se tourne alors vers moi.

C'est alors à ce moment que je découvre le visage de cet homme, que j'entends sa voix…

Je n'ai pas les mots ! Je le reconnais ! Il s'agit de Xavier !

Mon Xavier !

Il me salue…, ses paroles me heurtent…, je ne comprends rien…, mon âme fuit pour survivre…, mon corps est figé sur le canapé…, je voudrais me dissoudre…, devenir invisible…, je panique.

— Ça va ? s'inquiète Floriane. Tu es toute pâle !

Je fais diversion.

— Où se trouve la salle de bain ?

Je dois me cacher, je veux me rafraîchir, je dois reprendre le contrôle de la situation, je ne peux pas tout gâcher.

— Au fond du couloir, c'est la porte à droite.

Je me précipite vers ce « fond du couloir ». Dans la salle de bain, je m'assieds sur le rebord de la baignoire. Mon cœur est prêt à exploser. Mon ventre se tord de douleurs. J'ai envie de vomir.

J'en perds la notion du temps. Je suis figée sur place.

— Ça va ? s'inquiète ma sœur venue me rejoindre.

— Ne t'inquiète pas, ça va, ai-je le courage de répondre.

— Tu n'aurais pas dû venir à pied ! Tu es épuisée !

— Peut-être, mais c'est trop tard. J'arrive.

Le choc – le véritable choc – est passé. Je réalise l'absurdité de la situation tragique, digne d'un roman. Je réussis à réagir, car je n'ai pas le choix. Les jambes encore tremblantes, le cœur encore palpitant, je me dirige vers Xavier et le salue.

— Enchantée…, je suis enchantée de vous rencontrer…

Il me regarde comme une étrangère. Je respire…

— Moi de même, Virginie, je suis ravi de vous découvrir. Floriane m'a tant parlé de vous. C'est un plaisir de faire votre connaissance. C'est fou comme vous ressemblez à une personne que j'ai déjà vue quelque part, mais je ne sais plus où.

— Tu vois tant de monde chaque jour, mon chéri, ajoute ma sœur sur un ton ironique.

— Il est évident que je ne suis pas très physionomiste.

J'essaie de reprendre mes esprits. Je suis tellement soulagée que Xavier ne se souvienne pas de moi, lors de notre entrevue avec sa collaboratrice Anna à la terrasse de ce bar, fin octobre, à Plaisir. Je m'étais présentée sous le faux nom de Lisa Mancel. Il ne fait aucun rapprochement avec moi. J'ai vraiment beaucoup de chance.

Il enchaîne.

— Devenir médecin n'est pas facile. Vous forcez mon admiration !

Floriane intervient.

— Ma sœur a passé sa jeunesse à bosser. C'est normal qu'elle ait réussi ses études.

— Je constate que vous avez commencé l'apéro avant moi. Alors, comment trouvez-vous mon punch ?

— Délicieux, dis-je.

— Encore un petit verre ?

— Pourquoi pas ? Je rentre en taxi, je ne crains rien.

Le punch est mon meilleur ami en ces instants difficiles à gérer.

— Nous pouvons nous tutoyer ?

— Bien sûr.

— Tu es venue à pied ?

— J'avais envie de marcher.

Xavier me tutoie déjà. Les quinze années passées n'ont rien changé à sa prestance, son charme, sa séduction, son éloquence. J'évite son regard en fixant mon verre. J'ai l'impression de vivre un mauvais rêve, mais le délicieux punch doit m'aider à me donner le sens de la répartie.

— Floriane m'a expliqué que tu voulais investir prochainement dans un appartement à Plaisir ?

— Oui, mais je suis très exigeante. J'ai de nombreux critères à respecter.

— En fait, j'ai deux agences immobilières. Celle-ci, à Cherbourg, puis celle de Plaisir. Viens me rendre visite à mon agence, je pourrais peut-être t'aider à trouver ce que tu souhaites. Il s'agit de l'agence Perroa. Il n'y en a qu'une dans cette ville.

Excuse-moi, mon Dieu, pour le mensonge que je vais dire…

— J'ai parcouru de nombreuses agences sans noter la vôtre.

— Tu ne veux plus me tutoyer ?

— Si, bien sûr…

— Je préfère, dit-il en souriant.

— Merci, je te remercie…

— Quand je suis à l'agence de Cherbourg, c'est ma jeune collaboratrice Anna Casal qui me seconde. Elle vient de terminer ses études dans l'immobilier. Tu verras, elle est très sympathique et efficace.

S'il savait que j'ai renoncé à son agence après l'avoir reconnu et que je me suis inscrite sous le nom de Lisa Mancel, afin qu'il ne se souvienne pas de moi. La situation est gênante. Je ne sais pas comment je réussis à garder mon sang-froid. Certainement grâce au punch et à la fatigue. Je n'ai plus de nerfs. Mon cerveau est vide.

— J'avoue que j'ai laissé un peu tomber ma recherche pour le moment. Pour un premier achat, je désire faire le meilleur choix. Je suis exigeante. De plus, je ne suis pas pressée.

— C'est normal de prendre son temps pour trouver son idéal. Je serai de retour à Plaisir début janvier. Viens t'inscrire à mon agence. Je sais que beaucoup d'appartements doivent se libérer en début d'année.

Floriane intervient, légèrement agacée.

— Je ne vous dérange pas ?

— Excuse-nous, ma chérie, mais quand je parle immobilier, je ne sais plus m'arrêter.

— J'avais compris.

Xavier ne se souvient pas non plus de cette Lisa Mancel. Il est évident que je ne pourrai pas me présenter dans son agence. Je ne peux pas prendre de risques. Je trouverai un prétexte.

Je change de sujet rapidement.

— Parlez-moi de vous deux. Comment vous êtes-vous rencontrés ? À moins que ce soit indiscret ?

Tous deux se regardent tendrement, avec un petit sourire complice.

— Tu commences ? me propose Floriane.

— La première fois que j'ai vu ta sœur, lorsqu'elle s'est présentée à mon bureau pour cet entretien d'embauche, j'ai ressenti aussitôt une attirance évidente. J'ai aimé sa manière de se présenter, sa fraîcheur et sa spontanéité, avec sa façon de parler de manière franche, naturelle, un peu décalée par rapport aux autres candidates. C'est tout cela qui m'a séduit en elle.

Floriane rougit.

— J'étais terrorisée, impressionnée, mais je voulais le cacher. Lorsque j'ai vu Xavier pour la première fois, je crois que j'ai eu un coup de foudre.

Cela me fait mal, j'enterre ma douleur.

— Ensuite nous nous sommes revus très rapidement.

Tout cela est tellement difficile à entendre.

— Maintenant nous sommes inséparables. Floriane est tout ce que j'aime chez une jeune femme. Elle est spontanée, optimiste, solaire, un peu naïve parfois, mais tellement attachante. Elle en a fait des « boulettes » au début de son contrat.

— Par exemple ? dis-je.

— Elle a programmé la visite d'une belle maison bourgeoise à un couple, mais elle a oublié les clefs pour y accéder ; elle a beaucoup de mal à mémoriser les superficies des pièces, ce qui est essentiel pour un agent immobilier ; elle confond souvent les rendez-vous programmés avec les acheteurs potentiels. Je dois avouer que j'ai bien longtemps hésité avant de signer son CDI.

— Et tu me dis tout cela que maintenant ? s'inquiète ma sœur.

— Parce que je t'aime.

— Merci mon cœur, je t'aime aussi.

Tout ça est trop pour moi. Je suis gênée avec un sentiment de jalousie qui se forme en moi. Je décide de rentrer et me prépare à appeler un taxi.

— Je vais rentrer. Il est tard et je suis très fatiguée.

— Voyons, Virginie, reste dîner avec nous. Tu es en vacances ! insiste Floriane.

Le bonheur de ses deux amoureux me fait souffrir. J'ai besoin de fuir.

— Je préfère vous laisser profiter de votre soirée. J'ai vraiment besoin de sommeil.

— Comme tu veux, enchaîne Xavier. On se reverra très vite une autre fois. Il est vrai que je suis arrivé en retard. Je vais te ramener.

Je sursaute, je m'exclame.

— Non, surtout pas !

— Je t'impressionne à ce point ?

Je panique, mon cœur s'emballe. Je me sens incapable de rester tout près de Xavier, dans sa voiture, sans cacher davantage mon émoi.

— Merci, c'est très gentil, mais je viens d'appeler le taxi qui doit arriver dans quelques minutes. Profitez de votre soirée tous les deux en amoureux.

— Comme tu veux. Nous avons passé un bon moment ensemble. J'ai été enchanté de faire ta connaissance.

Ma connaissance…, comme si je n'avais jamais existé pour lui…

Dehors, la nuit a effacé toutes les couleurs de la vie. La neige continue de tomber, mais ne m'apporte aucun romantisme. Je n'ai plus le moral. J'ai froid, j'ai chaud, j'ai envie de me coucher, de me glisser sous la couette et de sombrer dans le sommeil.

Quand je rentre, j'aperçois ma mère qui regarde la télévision dans le salon près d'un bon feu de cheminée. Elle semble sereine, absorbée par le film qu'elle est en train de regarder. Je l'embrasse puis je me dirige vers ma chambre.

C'est à cet instant que je prends réellement conscience de l'absurdité de ce que je viens de vivre. C'est un véritable cauchemar. Comment est-ce possible ? Ma sœur n'a pas le droit de faire sa vie avec l'homme qui a détruit la mienne ! Je ne peux pas laisser faire cela, c'est impossible ! Il faut absolument que je trouve un moyen de l'en dissuader !

Je suis trop fatiguée ce soir pour réfléchir. Avant de m'endormir, j'écoute quelques beaux textes de Francis Cabrel pour tenter de me calmer. Mes nerfs sont à vif…

Pourquoi tous ces problèmes ? Pourquoi ?

Pourquoi le Dieu de ma mère s'acharne-t-il sur moi ?

*Puisqu'on vit dans les creux d'un rêve*
*Avant que leurs mains*
*ne touchent nos lèvres*
*Nous on voudrait leur dire*
*Les mots qu'on reçoit*
*C'est comme des parfums qu'on respire*
*Il faudra leur dire*
*Facile à faire*
*Un peu plus d'amour que d'ordinaire*
***Il faudra leur dire ; Francis Cabrel***

# 15

*Toute vie est sans doute un enchaînement
d'erreurs à peu près inévitables.*
**Paule Saint-Onge**

**Mardi 27 décembre.**
Comment bien dormir après un tel choc ? C'est maintenant, lorsque je m'éveille vers quatre heures, que je réalise la gravité de la situation.

Ma sœur est amoureuse de l'homme qui a détruit mon adolescence. Maintenant, comment vais-je pouvoir faire face à ce lourd secret si leur amour perdure ? Il est inconcevable que Xavier devienne mon beau-frère ! Je n'aurais pas d'autre choix que de les rencontrer ensemble dans ma propre famille. C'est inconcevable !

Comment vais-je supporter une situation aussi complexe ? Si un jour il finit par se souvenir de moi, ce sera épouvantable ! Non, vraiment, je dois trouver un moyen d'empêcher cette liaison au plus vite. Je suis anéantie. Que faire ?

Xavier ne m'a pas reconnue, malgré notre discussion lors de cette rencontre à la terrasse du bar. Cette Lisa Mancel ne lui dit absolument rien, c'est déjà un point essentiel. Il est évident que je dois désormais abandonner cette fausse identité et ne pas me présenter à son agence. Le risque qu'il se souvienne un jour de moi est trop beaucoup trop grand.

Je ne trouve plus les mots pour exprimer le désarroi que je ressens…

Cependant, Floriane n'est pas responsable du drame que j'ai subi adolescente. C'est une jeune femme attachante et sincère qui voudrait vivre avec Xavier qu'elle aime, sans se poser de questions. À part quelques flirts sans intérêt, c'est la première fois que je la vois aussi amoureuse et qu'elle se projette vers une vie à deux. Je ne veux pas qu'elle souffre. Et pourtant, si elle connaissait la terrible vérité à mon sujet, je suis certaine qu'elle mettrait aussitôt un terme à son couple.

Dans ce lit de ma jeunesse, en proie à d'innombrables questions, des images fortes et réalistes surgissent en moi. Je revis la scène d'amour avec Xavier comme si c'était hier. Je n'ai rien oublié. Je veux chasser ces images de mon esprit, mais elles résistent, ancrées dans mes souvenirs.

Ce n'est pas moi que cet homme caresse doucement. Ce n'est pas moi qu'il embrasse passionnément. Ce n'est pas sur mon corps qu'il se pose doucement, alors que je suis prête à m'offrir à lui.

Ce n'est pas mon corps, mais c'est celui de ma sœur…

Je ne supporte pas l'idée que Xavier lui fasse l'amour, car il ne la mérite pas. Elle est trop bien pour lui. Je ne pourrai jamais lui pardonner ce rapport sexuel où je suis tombée enceinte, alors que j'étais sous l'emprise de l'alcool, même si j'étais consentante.

Mes désirs de vengeance reviennent en force, alors que j'avais décidé de ne plus remuer le passé. Tout s'inverse dans ma tête, tout devient flou, tout se complique dans mon esprit…

Il est midi. Ma mère m'annonce qu'elle a invité Floriane et Xavier à déjeuner. La surprise passée, je n'ai pas le choix. Je dois accepter cette confrontation avec le plus grand courage.

Les deux amoureux arrivent à la maison vers treize heures avec des fleurs et un gâteau pour le dessert. Floriane est resplendissante. Je lis dans ses yeux la belle nuit d'amour qu'elle a dû vivre avec son homme et je lis dans le regard de Xavier son admiration réelle pour sa chérie.

C'est la première fois que Xavier rencontre ma mère. Elle semble ravie. Elle est conquise par son charme et son charisme.

Une fois de plus, elle a commandé le repas chez le traiteur. Depuis que mon père est décédé, elle n'éprouve plus le goût de faire la cuisine, à part pour elle et son amie Angèle.

Le déjeuner se déroule dans la bonne humeur, mais je suis ailleurs, dans mes pensées torturées. Ma mère est enchantée de voir ses deux filles réunies. Ces moments-là sont rares avec la distance et nos occupations professionnelles. Elle assiste, émue, aux regards remplis de tendresse qu'échangent Floriane et Xavier en permanence. Leur amour ne fait pas semblant, c'est évident. De mon côté, malgré tous mes efforts, je suis silencieuse et taciturne.

C'est le moment de la pause café. Sur la pendule du salon, il est quinze heures. Dans mon cœur de femme, cela fait des heures que je pense, que je ressasse et que je souffre en silence.

Soudain, une crise d'angoisse me saisit, brutale et incontrôlable. Mon cœur s'emballe. Je quitte ma place à table et je prétexte la lecture d'un message important sur mon portable pour m'isoler sur la terrasse. J'ai besoin d'être seule, hors de la vision de leur amour pendant quelques minutes. Je bouillonne intérieurement. Je ne sais plus garder le contrôle de la situation.

C'est plus fort que moi…

Quelques minutes plus tard, après avoir respiré profondément, je reviens m'asseoir à la table du déjeuner et j'annonce d'une voix claire et ferme, sans le moindre sentiment de culpabilité, une décision que je viens de prendre – un énorme mensonge.

Je sais Dieu, je n'irai pas au Paradis…

— Je suis désolée, je vais devoir repartir maintenant.

Les visages intrigués se tournent vers moi.

— Ah bon ! s'exclame ma mère contrariée. Tu as reçu une mauvaise nouvelle ?

— Mon confrère Phil, qui me remplace au cabinet médical, a un gros problème familial. Je dois être présente dès demain matin à Plaisir.

— Quel dommage ! ajoute Floriane.

— Je fais ma valise et je file à la gare, dis-je. Il y a un train à dix-sept heures trente.

— Je t'emmène, tranche Xavier.

— Non, je vais prendre un taxi.

— J'insiste, dit-il.

Après tout, au point où j'en suis…

— Eh bien, d'accord.

Dans la voiture qui nous mène à la gare, je ne sais pas quoi dire. Je suis mal à l'aise. J'évite de regarder son profil – celui que j'aimais tant à l'époque – et je regarde le paysage qui défile à toute allure, en essayant de ne penser à rien.

— J'ai le sentiment que tu ne m'apprécies pas beaucoup, se risque-t-il.

Je sursaute, étonnée…

— Quelle idée saugrenue ! Je me demande bien pourquoi ! Je ne te connais pas suffisamment pour te juger. J'espère seulement que tu seras capable de rendre ma sœur heureuse.

— Pourquoi douter ? Floriane est un rayon de soleil, au caractère doux et gentil. D'ailleurs, sans vouloir te vexer, elle semble beaucoup plus épanouie que toi.

« Sans vouloir me vexer ». Il est trop tard, c'est fait maintenant.

— Nous sommes très différentes. Je suis de nature renfermée et introvertie.

— J'avais constaté. Ce n'est pas la peine de te poser des questions sur ta vie privée ?

— Absolument pas. Ma vie privée reste privée. C'est mon jardin secret.

Nous arrivons à la gare. Xavier se gare, récupère ma valise dans le coffre puis me salue d'un geste de la main.

— Bon voyage. On se revoit dès janvier à mon agence de Plaisir ?

— On verra, dis-je, évasive.


Après tout, pourquoi ne pas le revoir seul dans son agence de Plaisir ? Je dois réfléchir. Ce serait l'occasion de trouver un stratagème pour briser son couple avant qu'il ne soit trop tard.

C'est un fait accompli, je ne veux pas qu'il fasse partie de notre famille. Ce serait invivable par la suite. S'il savait le malaise que je ressens ! Mes sentiments sont terriblement partagés entre la raison et la méchanceté.

La nuit est tombée. Dans le train qui me mène vers Plaisir, je suis perturbée. Je regarde mon reflet dans la vitre et je déteste cette femme qui possède ces envies de vengeance. Ce n'est pas ma nature et pourtant, je dois agir. Je n'ai pas le droit de laisser Floriane et Xavier s'aimer sur ce terrible malentendu.

Désemparée, désabusée et déçue de me comporter ainsi, je ne trouve plus les mots pour qualifier mes états d'âme. Je choisis un titre de Cabrel sur ma playlist, je place mes écouteurs sur mes oreilles et je me réfugie dans la musique qui me fait oublier la dure réalité dans ce monde sans pitié.

*Qu'est-ce qu'elle aime,*
*qu'est-ce qu'elle veut ?*
*Et ces ombres qu'elle te dessine*
*autour des yeux ?*
*Qu'est-ce qu'elle aime ?*
*Qu'est-ce qu'elle rêve, qui elle voit ?*
*Et ces cordes qu'elle t'enroule*
*autour des bras ?*
*Qu'est-ce qu'elle aime ?*

Il est vingt-deux heures trente quand je retrouve enfin ma tanière où se trouvent tous mes repères. La fatigue est là, mais l'épuisement est surtout moral. Après avoir pris ma douche, enfilé un pyjama douillet, je m'allonge sur mon canapé et je me choisis un film à la télévision. Je suis beaucoup trop contrariée pour aller me coucher dès maintenant. Je sens que la nuit va être très courte, sinon totalement blanche.

J'ai besoin d'oublier ma profonde détresse, ma grande solitude morale, mes désillusions, mes comportements inadaptés aux situations difficiles, mes difficultés à accepter la réalité de la vie.

Si je pouvais être optimiste, confiante en mon avenir. Si je pouvais accepter ces petits coups durs du destin sans en faire une montagne infranchissable. Si je savais…

Il est trois heures, je titube de fatigue et je ne comprends plus rien à ce film. Les images dansent devant mes yeux sans aucun sens. Je m'affale sur mon lit et je m'endors rapidement.

Les émotions trop fortes vécues ces deux jours ont eu raison de ma personne.

Le lendemain matin, je m'éveille à onze heures. C'est exceptionnel pour moi qui déteste les grasses matinées. Évidemment, si j'avais un amoureux, j'apprécierais certainement davantage le bien-être de mon lit, mais je n'en ai pas. Que vais-je faire de cette journée sans but précis, avec un moral qui se situe au plus bas ?

Phil me remplace jusqu'en fin de semaine. Il n'est pas question de le changer le programme prévu. Amélie travaille et pense que je suis en vacances en Normandie. Que vais-je lui dire si je l'appelle ?

Et pourtant, tous ces évènements sont trop lourds à porter pour moi seule. J'ai besoin d'en parler, de me libérer. Mes pensées sont confuses. Je retrouve mes patients lundi prochain, alors je n'ai pas le droit de craquer. Je dois trouver des solutions et surmonter mes douleurs morales, à n'importe quel prix.

En tant que médecin, je passe mon temps à soigner les autres, avec des pathologies plus ou moins graves. Maintenant, je me trouve devant mon propre cas – j'avoue, qui n'est pas banal –, mais je n'ai pas de remède.

Quelle décision dois-je prendre ?

Je pourrais me taire et accepter l'évidence. Me réjouir de l'amour naissant entre Floriane et

Xavier ? Crier la vérité pour détruire leur couple et m'en vouloir après durant toute ma vie ? Ne rien dire, ne rien faire, mais continuer à souffrir en silence ? Appeler Alex, lui proposer un rendez-vous galant et sombrer dans les plaisirs de la chair pour me faire un lavage de cerveau ?

La journée se termine enfin. Je l'ai passée à regarder des films à la télé, à scruter le plafond, à feuilleter des magazines en m'interdisant de boire trop de rosé et de grignoter des chips. J'ai tenu le coup, mais ça n'a pas été facile.

Vers vingt heures, je me décide enfin à réagir. J'envoie un texto à Amélie :

« Je suis rentrée plus tôt que prévu ; j'ai beaucoup de choses à te dire ; tes conseils me seront précieux, en tant qu'amie et surtout en tant que psychologue ; peut-on se rencontrer demain soir ? Je t'embrasse. »

La réponse ne tarde pas :

« Demain soir, vers vingt heures, je passe te chercher ; je réserve *Au P'tit Plaisir* ; bonne soirée. »

Je réponds :

« Super, merci. »

La musique m'aide à ne plus penser…

*Elle n'en sort plus de ta mémoire*
*Ni la nuit ni le jour*
*Elle danse derrière les brouillards*
*Et toi, tu cherches et tu cours*

*Mais y a pas d'amour sans histoires*
*Oh tu rêves, tu rêves*
**C'est écrit ; Francis Cabrel**

# 16

*L'erreur est de vouloir une vie immobile. On veut que le temps s'arrête, que l'amour soit éternel, que rien ne meure jamais, pour se prélasser dans une perpétuelle enfance dorlotée. On bâtit des murs pour se protéger et ce sont ces murs qui un jour deviennent une prison.*

*Frédéric Beigbeder*

**Mercredi 28 décembre.**

Normalement, je devais être en vacances chez ma mère, mais les circonstances désastreuses en ont décidé autrement.

Je me prépare un bon petit déjeuner avant d'aller me promener à pied dans les rues de la ville. Je dois meubler toute cette journée qui se présente à moi, en évitant de faire une fixation sur les évènements difficiles que je viens de vivre.

Je suis impatiente de voir Amélie ce soir, car j'ai décidé de tout lui raconter. Elle est de bon conseil. J'espère qu'elle va savoir me guider dans la façon de me comporter face à cette situation complexe.

L'homme qui a brisé mon adolescence va peut-être devenir mon beau-frère ? Il faudrait que je garde pour moi ce lourd secret ? Ce n'est pas concevable.

Floriane ne sait rien du drame que j'ai subi à dix-sept ans et demi. Seules ma mère et Angèle sont dans le secret.

Ma mère n'a jamais rencontré Xavier quand j'étais adolescente, donc elle ne sait pas que c'est lui le responsable de mon avortement.

Elle ne peut pas non plus se douter de toutes les douleurs que j'endure depuis ce jour. Elle pense que mon caractère introverti est dû à mon célibat. Certainement que pour elle, cet acte chirurgical était un acte banal rapidement oublié.

Mais ce ne fut pas le cas…


Cet après-midi, je déambule dans les rues de Plaisir, sans aucune envie précise. En cette fin d'année, les décorations scintillantes présentes dans les vitrines des magasins apportent de la lumière et de la joie dans cet hiver morose.

J'aime regarder discrètement les gens que je croise. Je m'amuse mentalement à leur créer un quotidien, un environnement familial, celui qui me manque. C'est un jeu étrange qui me permet de ne plus penser à ma propre vie, le temps de quelques rencontres fugitives.

Mes pas me mènent vers la vitrine d'une librairie. Le déclic est là. Je vais me plonger dans la lecture d'un bon livre pour accélérer le temps et éviter de penser à mon nombril. Je voudrais lire un autre auteur que les romans offerts par ma mère et Floriane à Noël.

— Puis-je vous conseiller ? me demande une charmante jeune fille.

— Je recherche un roman sympa qui se lit facilement, mais pas trop quand même, avec une intrigue passionnante. J'ai vraiment besoin de me changer les idées en ce moment.

La jeune vendeuse réfléchit puis me dirige vers le dernier Guillaume Musso.

— Je vous conseille celui-là. Je l'ai lu, il est captivant.

Il s'agit de « Sauve-moi ». Je me permets de parcourir la quatrième de couverture.

*« Le plus difficile n'est pas de rencontrer l'amour, c'est de savoir le garder...*

*Rien ne prédisposait Juliette et Sam à se rencontrer. Encore moins à tomber amoureux.*

*Leur rencontre est explosive et magique. Le temps d'un week-end à New York, ils vivent le coup de foudre et la passion. Mais voilà, chacun a menti sur l'autre... »*

— Je vous fais confiance, je l'achète. Et puis, il s'agit de Guillaume Musso, tout de même. Il ne m'a jamais déçue.

— Vous n'êtes pas la seule, vous êtes des milliers de lecteurs à apprécier ses romans, dit-elle en souriant.

— Il est très doué. J'adore sa plume.

Après avoir réglé mon achat.

— Bonne lecture, madame.

— Merci de votre conseil.

Satisfaite de ce choix, je n'ai pourtant pas envie de rentrer chez moi maintenant. Je ressens le besoin de me poser un peu et de boire un bon chocolat chaud pour me réchauffer.

Je rentre dans le premier bar que je croise sur ma route – qui me semble accueillant – et je m'installe tout au fond, dans un endroit isolé de la salle. La décoration soignée au style rétro me plaît beaucoup. C'est un endroit très apaisant. Je déguste le bon chocolat que le serveur vient de m'apporter. C'est un régal, surtout quand il fait froid à l'extérieur.

Ma montre affiche seize heures. J'ai tout mon temps. Je reste plantée là pendant un long moment, en écoutant les sons du bar, les voix des clients, les silences de mon âme, puis je continue ma balade.

La nuit est déjà tombée, noire, mystérieuse et enveloppante. Les illuminations qui éclairent la ville apportent un peu de magie bénéfique à mon moral.

Je marche en solitaire, en évitant de trop penser, impatiente de retrouver Amélie ce soir. Je suis heureuse de la revoir, de pouvoir me confier et libérer ma conscience.

Je devine qu'elle ne pourra pas faire de miracle, car c'est de ma vie dont il s'agit, et non pas de la sienne, mais j'ai besoin d'elle. Je sais tout cela, mais quelquefois, il suffit d'une main tendue pour envisager la vie sous un autre angle.

Amélie me connaît si bien, elle saura me guider…

Après avoir garé ma voiture, je la retrouve dans le restaurant.

— Alors, chère Virginie. Comment se fait-il que tu aies abrégé tes vacances ? Dis-moi tout.

— Je suis en train de vivre une situation incroyable ! Je ne sais plus par où commencer !

— Va à l'essentiel.

À ce moment, le serveur vient vers nous et nous demande ce que nous avons choisi.

— Nous aimerions une pizza aux quatre fromages accompagnée d'une salade verte. Pour la boisson, ce sera de l'eau et un pichet de rosé. Nous verrons plus tard pour le dessert.

— Très bien mesdames.

Je continue la conversation, imaginant déjà la réaction d'Amélie.

— Floriane, ma sœur, est très amoureuse de son patron.

— Oui, tu m'en as déjà parlé. C'est une situation très fréquente et banale. Si tous les deux sont libres et amoureux, tout va bien.

— Sauf que le patron de Floriane, donc son petit ami, c'est Xavier.

— Xavier ? Quel Xavier ? Ce n'est pas celui de ton adolescence ?

— Hélas si ; il s'agit bien de ce Xavier ! C'est terrible !

Amélie toussote, totalement abasourdie.

— Quelle malchance !

— Le terme est faible !

— Tu l'as rencontré ?

— Oui, chez ma mère. Heureusement, il ne se souvient pas de moi. C'est bien le directeur de l'agence immobilière Perroa où nous l'avons aperçu. Il gère aussi une agence en Normandie, à Cherbourg. Tous deux sont très amoureux et se projettent ensemble dans une vie de couple.

Le serveur arrive avec la pizza. Amélie me fixe, intriguée.

— Comment fais-tu pour te mettre dans des situations aussi complexes ?

— C'est un terrible hasard, je n'y suis pour rien, je suis désemparée.

— Ce n'est vraiment pas de chance. Ce qui explique pourquoi tu as écourté tes vacances.

— Lorsque Floriane m'a présenté son ami, donc Xavier, j'ai dû faire un effort surhumain pour tenir le coup. Mais mardi, lors du repas chez ma mère, j'ai trouvé un prétexte pour rentrer au plus vite. C'était trop difficile de les voir aussi fusionnels devant moi.

— Je comprends mieux. Xavier ne t'a pas reconnue ? C'est certain ?

— Je suis certaine que non. J'ai bien fait de changer de coiffure. Il m'a totalement oubliée. Je n'étais vraiment rien pour lui, juste une aventure d'un soir qui m'a coûté cher. Je lui en veux de ne pas avoir respecté mon état d'ébriété ce soir-là. C'est surtout cela que je lui reproche. Il n'a jamais su que j'étais enceinte, je le reconnais.

— C'est incroyable. S'il devient ton beau-frère, que vas-tu faire ?

— Justement, je compte sur ton aide pour m'éclairer. Que ferais-tu à ma place ?

Amélie soupire, tout en me regardant.

— Je suis vraiment soulagée de ne pas être à ta place. Il faut trouver rapidement une solution. Tu seras confrontée de plus en plus souvent à lui, à moins d'ignorer ta famille, ce qui me semble impossible.

— J'aime trop Floriane pour la renier. Tu imagines comme la situation est complexe. Mes émotions ressortent à chaque fois que je vois Xavier.

— C'est normal, d'autant plus que c'était ta première expérience, cela ne s'oublie pas.

— Tout est resté intact dans ma mémoire, c'est terrible.

Le serveur apporte la carte des desserts. Nous choisissons un nougat glacé.

— Je n'envisage qu'une seule solution, annonce Amélie.

— Laquelle ?

— Tu dois absolument tirer un trait sur le passé. Floriane et Xavier sont amoureux. Ta sœur ne connaît pas le drame de ton adolescence. Elle a le droit d'être heureuse. Tu dois te montrer forte et faire le deuil total de ce que tu as vécu. Trouve-toi assez vite un appartement, essaie de tomber amoureuse, toi aussi, et sors un peu plus. Vis pour toi, projette-toi dans l'avenir. Avec un peu de courage, le temps cicatrisera tes blessures.

Je ne dis rien. Je sais qu'Amélie a raison, mais je ne dis rien. Un étrange sentiment monte en moi, comme un malaise sournois et malsain.

— Je ne supporte pas d'imaginer Floriane et Xavier en train de faire l'amour. Ça me rend folle de rage.

— Je devine, mais tu dois dominer cette rage. Tu n'as pas le droit de détruire leur couple, même si tu souffres. C'est ainsi.

— Je vais avoir du mal…

— Il te faudra du temps pour accepter, mais tu vas réussir.

— Si tu le dis…

— À propos, as-tu prévu quelque chose pour le réveillon du trente et un décembre ?

— Hélas non, je serai seule.

— Pour ma part, je serai en famille. Sinon, nous aurions pu le passer ensemble. J'espère que tu vas surmonter ce coup dur de la vie. N'hésite pas à m'appeler si tu as le cafard.

— Ne t'inquiète pas. Je me ferai un repas de fête devant la télé. Je ne suis pas certaine de boire que de l'eau !

Amélie sourit.

— Il est vrai qu'un peu d'alcool, avec ou sans modération, ça aide parfois à surmonter les problèmes.

— Je suis tout à fait d'accord avec toi. Il sera mon compagnon du trente et un décembre.

Il est très tard. Je suis fatiguée, triste et préoccupée. Nous réglons la note du restaurant et nous retrouvons devant notre véhicule.

— Bon courage, sois forte. Pense à mes conseils. Plus tard, tu verras que j'ai raison. Dans quelques mois, tout sera oublié.

— Je vais essayer. Merci pour ton soutien. Passe de bonnes fêtes. Bonne nuit.

La nuit est là. Elle devient mon amie ce soir. Elle va m'envelopper de sa tendre douceur, m'attirer dans ses bras puissants et m'apporter sa douce chaleur afin d'effacer toutes les pensées contrariées de mon âme pendant quelques heures. Heureusement que le sommeil existe…

# 17



**Samedi 31 décembre.**

Il paraît que la méthode positive, c'est une méthode qui fonctionne bien, alors je tente de l'appliquer. Je dois prendre de bonnes résolutions pour l'année 2006. Je ne peux pas continuer ainsi, accompagnée en permanence par les fantômes du passé. Floriane et Xavier s'aiment, je dois à tout prix accepter ce fait, malgré de sombres idées de vengeance qui sommeillent au plus profond de mon être. Saurais-je respecter les sages propos d'Amélie ?

Je me regarde dans le miroir de la salle de bain. Je dois trouver dans mon image les points positifs de ma vie :

Je suis jeune ; c'est vrai.

Je suis en bonne santé ; c'est vrai.

Je suis belle ; c'est vrai, d'après les autres.

J'aime ma profession ; c'est plus que vrai.

J'ai une famille adorable ; c'est vrai.

Je vis dans un beau pays ; c'est vrai.

J'aime mon appartement ; sans plus.

J'aime les autres ; c'est vrai, sinon je ne serais pas médecin.

J'ai des amis ; c'est vrai.

Je suis amoureuse ; hélas non, je ne suis pas amoureuse.

Donc il manque un critère pour que je sois pleinement heureuse. Il faudrait que je comble ce vide, sinon ma méthode positive ne fonctionnera pas très longtemps.

Mais comment rencontrer l'homme de ma vie avec une profession aussi intense ?

Je travaille trop, je sors peu, je reste fixée sur mon erreur de jeunesse et je ne fais aucun effort pour changer de comportement. À mon âge, mon célibat ne m'apporte plus de satisfaction. La solitude commence à me peser terriblement.

Il est dix heures. La lecture ne me dit rien ce matin. Je préfère aller marcher un peu, pour oxygéner mon cerveau. Dehors, il fait très froid. Les températures sont négatives et les rues sont verglacées.

Perdue dans mes pensées, absorbée par mes états d'âme torturés, je ne fais pas attention à l'endroit où je mets les pieds.

Quand soudain, je glisse sur le verglas. Une chute en arrière m'arrache un cri de douleur. Je retombe brutalement sur les fesses. En voulant me retenir, je sens ma cheville droite se tordre violemment. Je suis incapable de me relever. Ma jambe droite ne répond plus.

Un jeune homme qui passait a vu la scène. Il s'approche de moi, il essaie de me relever, mais la douleur me fait grimacer davantage. Il décide alors d'appeler les secours.

Dans l'ambulance qui me conduit aux urgences de l'hôpital de Plaisir, je souhaite que cette chute ne soit pas trop grave. À l'accueil, je suis installée dans un fauteuil roulant, puis j'attends dans le couloir.

Ma cheville a doublé de volume. Cette douleur est très intense et devient lancinante, mais je pense que si ma cheville était fracturée, je souffrirais davantage. Cela doit être une entorse.

Quelques minutes plus tard, le médecin-urgentiste vient prendre en charge le prochain patient, puis m'aperçoit.

Quelle surprise !

— Alex !

Il s'approche de moi, puis me chuchote à l'oreille.

— Docteur Parisi, chère madame, qui est caissière à Auchan. Que vous est-il arrivé ? Un accident de caddie ?

— Arrête de te moquer de moi ! Je souffre l'enfer.

— Que s'est-il passé ? Explique-moi.

— J'ai glissé sur le verglas. Je suis mal tombée.

— C'est l'accident le plus fréquent pour la plupart des nombreux patients ce soir, le verglas. Les urgences sont débordées.

— Je constate.

— Passe discrètement par l'entrée arrière, je vais t'examiner rapidement.

Quelques minutes plus tard, après avoir observé les résultats de la radio, Alex émet son verdict.

— Tu as beaucoup de chance, car il s'agit d'une simple entorse. Je vais refroidir ta cheville avec une poche froide, te donner un anti-inflammatoire et tu vas pouvoir rentrer chez toi en ambulance.

— Merci Alex.

— Après ma garde qui se termine à vingt heures – normalement, vu le monde –, je vais t'apporter une attelle de marche pour que tu puisses te déplacer dès demain. Tu ne pourras pas aller danser ce soir, je suis désolé pour toi.

— Mince, quel triste réveillon ! De toute façon, je n'avais rien de prévu ce soir.

— Tu devais être seule ? C'est triste.

— C'est ainsi…

Alex réfléchit un instant.

— J'ai une superbe idée. Vu ton état, tu ne peux pas refuser. Je te propose de passer la soirée chez toi, avec tout ce qu'il faut. Du champagne, des douceurs salées pour l'apéro, des petits plats préparés, des roses, et surtout ma présence.

— Surtout pas des roses rouges…

— Les roses rouges sont destinées aux amoureux, si je me souviens.

— C'est ça, pour les amoureux. Ce n'est pas notre cas.

— Pas encore…

— Pardon ?

— C'est une blague ; je t'appelle le taxi pour rentrer chez toi ?

— OK, merci.

Il est vingt-trois heures et Alex n'est pas encore arrivé. Viendra-t-il vraiment ce soir ou bien sera-t-il occupé toute la nuit ? Cet homme est tant accaparé par sa profession que je ne suis pas sa priorité, c'est normal. Je le comprends très bien, car je suis comme lui. Pourtant, j'aurais bien aimé partager ma soirée du trente et un décembre avec quelqu'un. La solitude me pèse ce soir.

Allongée sur mon canapé, je dois rester immobile alors j'attends patiemment. La poche de froid soulage ma cheville enflée. Je regarde la pendule du salon souvent. Les minutes défilent lentement, beaucoup trop lentement à mon avis.

Bientôt, ce sera le décompte à rebours pour passer en 2006, mais toujours pas d'Alex.

La douleur s'estompe un peu. J'ai faim, mais je préfère l'attendre. Je suis fatiguée, mais je n'ose pas aller me coucher. Je suis désabusée, mais je ne veux pas me l'avouer. Je dois me tenir éveillée au moins jusqu'à minuit. Je pense avoir des textos de ma famille, de mes amis, alors je dois patienter.

Soudain, quelques minutes avant minuit, on sonne à l'interphone. C'est Alex. Je suis heureuse de passer cette soirée avec lui. Épuisée, mais surtout soulagée qu'il ait terminé sa garde, j'ouvre la porte en boitillant.

Quand il se présente enfin dans l'entrée de l'appartement, il prend le soin de déposer toutes les bonnes choses sur la table de la cuisine.

— Et les roses ? dis-je en souriant.

— Désolé, tout était fermé. Je peux rester quand même ?

— Je me pose la question…

— Coquine !

Puis le décompte à rebours se fait. Les douze coups de minuit résonnent. Un magnifique feu d'artifice explose dans le ciel clair de cette nuit glaciale.

— Je te souhaite une très belle année 2006, me dit-il en me serrant dans ses bras.

— Moi aussi, je te souhaite le meilleur.

— Alors on s'embrasse ?

— Bien sûr…

Je cherche sa joue, il cherche mes lèvres. Nos regards deviennent sérieux. Je n'ai pas envie de le repousser, j'ai juste envie de lui.

Il me soulève dans ses bras puissants puis me conduit vers la chambre. Je me sens une autre femme, hypnotisée, envoûtée, incapable de dire non.

L'envie d'aimer, l'envie de faire l'amour, l'envie de changer, dépasse toutes mes réticences.

J'ai besoin de lui, de me laisser aller. Mon esprit a laissé tomber ma raison, je ne pense à rien, seulement au plaisir que l'on se donne.

Les corps blottis l'un contre l'autre, nous nous endormons comme deux amants innocents, les cœurs chargés d'émotions fortes.

*Pas la peine que je précise*
*D'où ils viennent et ce qu'ils se disent*
*C'est une histoire d'enfant*
*Une histoire ordinaire*
*On est tout simplement, simplement*

*Un samedi soir sur la terre*
*Un samedi soir sur la terre*
**Samedi soir sur la terre ; Francis Cabrel**

Le jour se lève. La douleur de ma cheville me réveille brusquement. Alex n'est plus à côté de moi. En boitillant, je me dirige vers la salle de bain pour me rafraîchir. Sur la table du salon, je découvre ces quelques mots :

*« J'ai passé un très bon moment avec toi. J'ai été obligé de partir rejoindre les urgences qui sont débordées ce matin. N'oublie pas de mettre encore la poche froide sur ta cheville que je t'ai préparée dans le frigo. Je t'appelle au plus vite. Alex. »*

Pas de mots d'amour, pas de promesses, pas d'engagement, c'est mieux comme ça. C'était un moment fort, une pulsion incontrôlable qui ne changera rien à notre amitié.

Il est midi. Je me sens bien. Je caresse ma cheville qui va mieux et je vais me recoucher, car je n'ai rien de prévu en ce premier janvier. J'ai tout mon temps.

Les milliers de papillons de plaisir qui tourbillonnent dans mon ventre m'apaisent.

Dès le lendemain demain, je rencontre Phil chez moi pour faire le bilan de mes patients, dans le cas où certaines pathologies graves auraient évolué pour certains, pendant mes vacances.

Après nos échanges de vœux, ce dernier me remet un compte-rendu précis que je vais intégrer dans mes dossiers, puis me propose de me remplacer jusqu'au mercredi suivant vu ma cheville encore douloureuse. J'accepte volontiers.

Dans l'attente, je possède deux jours pour me reposer, appeler ma famille, mon amie Amélie et penser un peu plus à moi.

Je décide de prendre les bonnes résolutions concernant cette année 2006 :

Rester optimiste, quoi qu'il arrive.

Rendre visite à ma mère, le plus souvent possible.

Aller de l'avant et surtout essayer de ne plus ressasser le passé.

Profiter de l'instant présent.

Ne pas perturber le couple amoureux de Floriane et de Xavier.

Faire du sport.

Trouver un appartement très rapidement.

Ne plus me plaindre à Amélie, même si c'est ma meilleure amie.

Aller à la messe le dimanche matin…

« Désolée Dieu, ce n'est pas possible ! »

La liste est longue. J'aimerais me projeter dès maintenant en janvier 2007 pour savoir ce que je serai devenue dans un an. Mais bon, il va falloir être patiente, et surtout très courageuse, car tous les évènements qui viennent de m'arriver ne sont pas faciles à assimiler.

Pour le moment, je me laisse flotter dans les heures qui passent, avec encore l'empreinte de ma nuit magique avec Alex.
Alex, cet électron libre…

# 18

*C'est l'amour qui est essentiel, le sexe n'est qu'un accident.*

**Fernando Pessoa**


**Janvier 2006**

Mercredi onze janvier, il est sept heures. Je consulte la météo sur mon portable. Le froid va persister sur la région parisienne. Les virus sont endormis, mais prêts à se réveiller au moindre redoux.

C'est souvent en début d'année que toutes les pathologies hivernales explosent, telles que les gastro-entérites, les bronchites, la grippe qui n'en finit pas, les bronchiolites chez les bébés, les rhinopharyngites…, et bien d'autres maladies. C'est bien souvent la période la plus chargée de l'année.

Mon amie Amélie est partie quinze jours en vacances chez son ami Antoine, chirurgien à

Marseille. Tous deux se voient très rarement. Elle a accepté son invitation avec grand plaisir. La rareté de leurs moments ensemble semble suffire à leur entente.

J'ai retrouvé la routine rassurante de mes consultations. J'adore mon métier et j'aime mes patients, c'est l'essentiel.

Malgré notre relation intime, Alex et moi avons décidé de rester amis avant tout. Nous nous adressons des messages régulièrement, toujours nuancés d'une touche d'humour, car c'est notre façon de fonctionner. Nous nous voyons de temps en temps, mais nos profondes différences ne nous permettent pas de nous engager sérieusement.

Nous apprécions les bons moments passés ensemble et nous adorons profiter de ces instants présents sans nous poser de questions. C'est le temps qui décidera. Avec Alex, il est préférable de ne pas faire de projets communs. Je n'ai pas envie de souffrir encore à cause d'un homme.

Il est dix heures lorsque je reçois un appel de Xavier. Mon patient vient de partir, je peux lui répondre. Malgré mon animosité contre lui, mon cœur s'emballe.

— Bonjour Virginie. Je peux te parler deux minutes ?

— Oui, que puis-je faire pour toi ?

— Pour moi, il n'y a rien à faire de particulier. Pour toi, peut-être t'apporter une vie meilleure. Je viens d'obtenir un bien, pas encore sur le marché, qui remplit tous tes critères. Je voudrais que tu le voies rapidement avant qu'il ne te passe sous le nez. Ce soir vers dix-huit heures, ça te convient pour le visiter ?

Je regarde mes rendez-vous. Je ne peux me libérer qu'à dix-huit heures trente.

— Dix-huit heures trente seulement.

— OK. Je passe te chercher.

— Merci, à ce soir.

Lorsque Xavier sonne à l'interphone et que je le rejoins dans la rue, je m'étonne de le voir à pied.

— Où es-tu garé ?

— Pas très loin d'ici. Nous allons nous y rendre en marchant, car j'aimerais que tu réalises à quel point cet appartement est proche de ton cabinet médical. En dix minutes, nous y sommes.

— Sauf que ce soir, il y a encore pas mal de verglas sur les trottoirs et que je dois ménager ma cheville à peine remise d'une entorse. Je porte encore une attelle.

— Bon alors on va dire, en vingt minutes. Accroche-toi à mon bras pour ne pas glisser une nouvelle fois.

S'accrocher à son bras ? Est-ce une bonne idée ?

— OK.

Quand je glisse mon bras droit sous son bras gauche, je suis troublée. La proximité de son être tout contre moi affole mon cœur qui se met à battre la chamade. Je suis incapable de contrôler cette étrange situation.

Quinze minutes plus tard.

— Voilà, c'est ici, me dit-il.

La nuit est tombée depuis longtemps. La façade de la résidence restera à découvrir plus tard, en plein jour. L'appartement en question se situe au premier étage, dans une rue calme de la ville.

— Il n'y a pas d'ascenseur, cela diminue énormément les charges de copropriété. C'est un énorme avantage. Les fenêtres sont équipées d'un triple vitrage, garant d'un silence absolu. Je ne vois que du positif pour cet appartement.

J'écoute, mais je suis totalement ailleurs. La voix sensuelle de Xavier me perturbe. Toutes les belles paroles d'Amélie se liquéfient comme neige au soleil.

— C'est parfait.

La visite continue. Je découvre un séjour immense, avec une grande cuisine ouverte, tout équipée. Il y a deux grandes chambres, dont une parentale, attenante à une salle de bain, et beaucoup de rangements, avec une pièce destinée à un éventuel futur dressing. La salle de bain possède une baignoire et une douche à l'italienne.

— Tout vient d'être refait à neuf. C'est une pépite, cet appartement.

J'écoute toujours, mais son regard bleu intense, sa bouche et sa voix me paralysent. Je fais un effort surhumain pour rester concentrée.

— Et la place de parking ?

— Elle est privatisée, elle est pour toi.

Je voudrais que cette visite ne se termine jamais. Mes sentiments ambigus envers Xavier se bousculent dans ma tête.

— Alors ? Je peux avoir ton verdict ? me demande-t-il.

Je perds le contrôle de mes mots.

— Nous allons en discuter devant un verre chez moi, si cela ne te dérange pas ?

Xavier semble surpris, pourtant il ne refuse pas.

— Pourquoi pas ? Personne ne m'attend ce soir. Je prends juste le temps d'envoyer un petit texto à Floriane, pour lui dire combien elle me manque.

— Vous êtes très amoureux ?

— Oui, très ! C'est une femme adorable.

— Bien sûr, c'est ma sœur…

S'il savait la vérité !

Assis l'un en face de l'autre devant notre verre de porto, je ne sais plus quoi dire. Les mots me manquent, mais les pensées foisonnent.

Bien entendu, l'appartement me convient, car il répond à tous mes critères. Il est même bien en dessous de mon budget. Pourtant, si j'accepte cette offre, je n'aurai plus de prétextes pour revoir Xavier.

Malgré les bons conseils d'Amélie, je suis en proie aux doutes. Je n'ai pas encore de plan précis pour l'éloigner de Floriane, mais je dois le faire. Sa présence toute proche de moi ravive mes douleurs du passé.

Un argument me vient à l'esprit.

— J'aime beaucoup cet appartement, je reconnais, mais il manque un critère essentiel.

— Un critère ? Je ne vois pas lequel ?

— Je n'ai pas vu d'extérieur. Il n'y a pas de terrasse, pas de balcon, même un tout petit. C'est très important pour moi et surtout pour mes plantes…

Xavier se retient pour ne pas s'énerver.

— Voyons, Virginie ! Tu as un magnifique jardin public à proximité ! Tu as mieux à faire que de faire pousser des plantes vertes !

Je suis confuse, mais je ne veux pas le quitter comme cela. Je veux continuer à le voir sans Floriane à ses côtés. Seul avec moi, je peux encore tout tenter pour briser son couple.

Je me déteste.

— Écoute, Xavier, c'est ma toute première visite. Il m'est impossible de m'engager trop vite. J'aimerais voir d'autres biens.

— Sauf que celui-ci va te passer sous le nez et que tu le regretteras.

— Je prends le risque.

Contrarié, Xavier avale d'un trait son verre de porto, puis se lève du canapé.

— OK. Je te rappelle dès que j'ai autre chose. Bonne soirée.

— Bonne soirée également.

Xavier vient de partir, agacé. Je suis très énervée aussi. Il est inconcevable que cet homme devienne mon beau-frère ! Il faudrait que je passe le reste de ma vie à faire semblant de l'apprécier, à participer aux repas familiaux, et peut-être même à assister à son mariage avec Floriane.

L'idée est intolérable !

De plus, je suis persuadée que ma jeune sœur est juste attirée par sa séduction naturelle, sa prestance et son charisme. Un homme comme lui ne pourra pas la rendre heureuse toute une vie. Je suis certaine que c'est un séducteur et qu'il ne sera pas fidèle. Le fait qu'il soit son patron doit attiser cette attirance.

Furieuse, je me sers un autre verre de porto puis je me prépare un bain chaud pour me calmer. L'image de moi que le miroir me renvoie ne me plaît pas. Je ne supporte plus ma couleur de cheveux qui ne me va pas du tout. Tout cela afin que Xavier ne puisse pas me reconnaître ? C'en est trop !

Dès le lendemain, je prends rendez-vous chez le coiffeur. Je veux retrouver ma couleur naturelle, blond cendré. J'en ai assez de faire des efforts pour un homme qui n'a pas le moindre souvenir de moi, alors qu'il a gâché ma vie de jeune fille.

Jeudi soir, alors que je suis en rendez-vous avec une patiente, je reçois un message de Xavier. Il aimerait que je le rappelle au plus vite. Quand mes consultations sont terminées, je le fais.

— Bonsoir Virginie. J'ai un nouveau bien à te proposer.

— Ah, merci.

— Je pourrais te le faire visiter vendredi en soirée si tu peux te libérer après tes consultations. Je ne suis jamais disponible le samedi, car je rentre tous les week-ends à Cherbourg. Les semaines sont trop longues sans ma petite Floriane.

Voyons, bien entendu…

— Je comprends. Je serai disponible pour dix-huit heures trente. Tu passes me chercher ?

— Bien sûr, à vendredi.

— Très bien.

La soirée est douce, plus sereine que la veille, mais le mode action est enclenché pour atteindre mon objectif. Je sais bien qu'Amélie serait furieuse si elle avait le pouvoir de lire dans mes pensées, mais c'est plus fort que moi. Je dois agir au plus vite. Mon projet malveillant se met en place dans ma tête.

Je pourrais tenter de séduire Xavier et de le déstabiliser, mais je sais que je ne lui plais pas et qu'il adore sa Floriane. Ce n'est pas une bonne idée. Par contre, je pourrais semer le trouble dans leur couple et dire que je l'ai aperçu en charmante compagnie dans Plaisir. Floriane ne pardonnerait jamais une infidélité de sa part. Elle l'aime et lui accorde une confiance totale, ce qui est normal.

Ces pensées sournoises me perturbent, car ce n'est pas dans ma nature de faire du mal à autrui. J'essaie de me persuader que c'est pour le bien de notre famille.

Il est vingt-trois heures, je suis allongée sur mon lit, les idées en vrac, dans l'obscurité de ma chambre, partagée entre « le bien et le mal ».

Je n'ai pas envie de dormir, alors j'écoute du Cabrel…

*Elle parle comme l'eau des fontaines*
*Comme les matins sur la montagne*
*Elle a les yeux presque aussi clairs*
*Que les murs blancs du fond de l'Espagne*
*Le bleu nuit de ses rêves m'attire*
*Même si elle connaît*
*les mots qui déchirent*
*J'ai promis de ne jamais mentir*
*À la fille qui m'accompagne*
***La fille qui m'accompagne ;***
***Francis Cabrel***

# 19



Vendredi soir. Xavier me prévient de son arrivée sur mon portable. Je descends.

— Waouh, Virginie ! Quel look d'enfer !

Ce dernier remarque mon nouveau style. J'ai retrouvé la couleur blonde naturelle de mes cheveux, j'ai choisi de porter un jean taille haute et un blouson en cuir noir. Je me suis maquillée un peu, mais sans intention préméditée. Je suis flattée qu'il le remarque, mais ce n'est pas pour tenter de le séduire – ou bien inconsciemment.

En fait, je ne sais pas trop ce que je veux ce soir. Mes idées sont confuses.

— Comment me trouves-tu ? Je ne suis pas trop « jeune » ainsi ?

— Tu es superbe. Tu as raison d'affirmer ta féminité. Cela te va à merveille.

— Merci pour les compliments.

— Viens, nous prenons ma voiture cette fois-ci, car l'appartement est situé à environ deux kilomètres de ton cabinet. C'est un peu plus loin que le premier bien, c'est certain. Il est plus cher, mais il possède un joli balcon de six mètres carrés sans aucun vis-à-vis, devant le jardin public.

Cela devrait te convenir. Il est au dernier étage donc il existe un ascenseur. C'est un lieu très calme. La vue extérieure est magnifique.

— Allons voir cette merveille, dis-je.

La soirée est claire. Devant la résidence, je dois admettre que l'immeuble me convient. De plus, les espaces verts arborés autour de cette résidence semblent bien entretenus. J'avoue que je suis troublée dans le bon sens.

— C'est joli.

— N'est-ce pas ? Que ne ferais-je pas pour ma future belle-sœur ?

— Des miracles !

Je souris intérieurement. S'il devinait les idées dévastatrices de mon mental, il prendrait la fuite à toute vitesse.

— Nous allons visiter cette merveille ?

— Bien sûr que l'on visite, dit-il.

L'appartement est magnifique, à mon goût. Tout est parfait. La déco est moderne, les espaces sont grands, la lumière – bien qu'estompée par la nuit qui vient de tomber – est une réalité, grâce à l'exposition au sud et au dernier étage.

Je ne réussis pas à être moi-même ce soir. Mon obsession de faire du mal à leur couple m'empêche d'être objective. Je ressens bien que je suis en train de commettre l'irréparable, mais le contrôle de mes sentiments m'échappe.

Le désir d'éloigner Xavier de Floriane occupe toutes mes pensées.

Une demi-heure plus tard, la visite prend fin. Xavier me dépose chez moi.

— Tu montes ? Juste le temps de faire le point sur cet appartement ? dis-je.

— Pas trop longtemps alors, car je file à Cherbourg ce soir. Floriane me manque.

— OK, pas longtemps.

Xavier s'installe sur le canapé du salon. Je lui sers un verre de porto, avec quelques gâteaux apéritifs. Je le sens à l'aise, décontracté.

— Alors, dis-moi, je suis impatient. Cet appartement te plaît ?

— Cet appartement répond à tous mes critères. Il est à mon goût.

— J'en suis ravi. Tu passes signer l'offre à l'agence dans la semaine ? Tu ne dois pas trop tarder, tu le sais.

Je dois encore gagner du temps.

— Avant de signer l'offre, j'aimerais faire une contre-visite. En fait, je voudrais le visiter quand la lumière du jour est vraiment présente. Tu comprends cela ?

— Bien sûr, c'est normal.

Il consulte son agenda sans broncher.

— Mercredi matin, vers neuf heures, ça te convient ?

Xavier a vraiment toutes les qualités d'un bon agent immobilier, dont la patience extrême.

— C'est parfait. Tu me bipes quand tu es arrivé.

— Bonne soirée, Virginie. À mercredi.

Il part. Je me sens mal dans ma peau. Je suis contrariée, car mon désir qu'il quitte Floriane me ronge, mais je ne sais pas encore comment m'y prendre. Je veux détruire son couple, mais par moment, avec le temps qui passe, je doute.

En connaissant un peu plus Xavier, je dois admettre que c'est un homme bienveillant, patient et très sympathique. Je comprends que Floriane soit amoureuse de lui.

Pourtant, je suis convaincue qu'il doit fuir notre famille, pour le bien et l'équilibre de tous.

Ce dilemme que je suis en train de vivre est insupportable. Je suis perdue. Je ne sais plus comment procéder. Plus je vais attendre et plus je vais avoir du mal à réaliser mon plan.

C'est un cas de conscience terrible !

Ce vendredi soir, ma nuit est agitée. Je dors très peu et je fais de nombreux cauchemars.

Le réveil du lendemain est difficile. Je me pose énormément de questions.

D'un côté, je pense et je repense à mon adorable petite sœur que j'aime tant, à notre enfance fusionnelle et à notre entente sans failles.

De l'autre, je me remémore les paroles sages d'Amélie, celles d'oublier mes rancœurs et de tirer un trait définitif sur le passé.

Tiraillée entre les deux points de vue, je prends alors mon ultime décision…

Dieu aurait-il pitié de la brebis égarée que je suis devenue ?

**Mercredi matin, neuf heures.**

Xavier est ponctuel. Hélas, il ne s'attend certainement pas aux révélations que je vais lui faire. J'ai beaucoup réfléchi pendant ces quelques jours. Aujourd'hui, je suis sûre de moi, le moment est arrivé.

J'ai décidé de tout lui avouer, tout ce qu'il s'est passé entre nous quinze ans plus tôt. Tout ça est désormais trop lourd à porter pour moi. Ce secret me gâche la vie. Il est temps d'y mettre fin.

Je prétexte cette contre-visite pour me trouver seule avec lui, une dernière fois. Je ne peux plus passer à côté de cette occasion et attendre encore, car je ne supporte plus de mentir.

— Ça va ?

Je réponds évasive.

— Très bien.

— On va le revoir, cet appartement ?

Je marque une pause.

— En fait, nous n'irons pas maintenant, car j'ai beaucoup de choses à te dire.

— Quelles choses ?

— Des choses très importantes, des choses qui vont bouleverser ta vie, des choses qui vont libérer ma conscience.

— Et l'appartement ?

— On le verra un autre jour. Ce n'est pas important par rapport à ce que j'ai à t'annoncer.

— Tu m'inquiètes.

— Je dois te parler absolument. C'est très grave.

Xavier semble perplexe. Je ressens en lui un sentiment de gêne, voire d'incompréhension. Il me regarde, me fixe, puis baisse les yeux.

— Nous allons où ?

— Dans un bar, situé tout près d'ici. Un café très fort nous fera du bien.

— OK.

Quelques dizaines de minutes plus tard, nous nous retrouvons assis face à face devant un expresso. Il semble soucieux et n'ose à peine me regarder. Il attend que je parle. Mon air grave laisse sous-entendre des révélations importantes.

Je respire profondément.

— Regarde-moi bien, je ne te rappelle pas une personne que tu as connue jeune homme ?

Après quelques instants silencieux.

— Non, à part ta voix, peut-être… J'ai le sentiment de l'avoir déjà entendue, mais je ne me souviens pas quand et où.

— Fais un effort. Nous étions adolescents.

— Sincèrement, je ne me souviens pas de toi.

— Ça s'est passé pendant la nuit du seize juin 1990.

— …

— Aurais-tu oublié une certaine Virginie à qui tu as fait l'amour pendant la nuit du Bac ?

Le choc est violent.

— Mon Dieu ! Ce n'est pas possible !

Xavier se prend la tête dans les mains et s'affale sur la table du bar.

— Je viens enfin de tout comprendre, de me souvenir de cette soirée. C'est toi, Virginie… Ta voix ne m'était pas inconnue.

— Qu'as-tu compris ? Tu ne sais pas à quel point tu as gâché ma vie.

Son ton monte d'un cran. Il s'énerve et me répond sèchement.

— Ta vie ? Je ne comprends pas. Tu étais consentante lors de cette soirée. Je ne pouvais pas deviner que c'était ta première fois !

— Sauf que tu aurais dû respecter mon état euphorique dû à l'alcool que j'avais bu. Je t'en veux surtout pour cela. Ce soir-là, je suis tombée enceinte.

Il est stupéfait. Son visage blêmit.

— Enceinte ! C'est terrible ! Pourquoi ne m'as-tu rien dit ?

— Parce que tu repartais en Guadeloupe et que je n'ai pas eu le courage de t'en parler.

Il est dévasté.

— Alors tu as dû subir un avortement ?

— Un avortement imposé par ma mère, car j'étais mineure. Je n'ai eu aucun soutien. Je n'ai pas eu le choix, mais cet acte a bouleversé ma vie par la suite.

— Je suis désolé, Virginie. Si je l'avais su, je t'aurais certainement soutenue. Je ne suis pas un lâche. Comment m'as-tu retrouvé ?

— Totalement par hasard, dans ton agence immobilière de Plaisir. Je t'ai reconnu facilement, malgré toutes ces années passées. Tu imagines mon émoi !

Mon amie Amélie a demandé ta carte pour que je sois sûre de ton identité. Ensuite, je me suis présentée sous un faux nom pour passer incognito, mais tu étais absent. C'est Anna qui m'a reçue.

— C'est terrible. Et maintenant que je suis amoureux de Floriane, qu'allons-nous faire ?

— Pour le moment, je laisse tomber ma recherche d'appartement. Je dois prendre du recul par rapport à cette situation compliquée.

— Floriane n'y est pour rien, j'imagine qu'elle ne sait pas pour nous deux.

— Évidemment qu'elle ne le saura jamais. Pourtant le mieux est que tu t'éloignes d'elle. Elle est jeune, elle s'en remettra vite. C'est pourquoi je voulais t'en parler rapidement, avant que tu ne t'engages trop. Pour ma part, il m'est impossible de me projeter avec un beau-frère qui m'a fait vivre cet enfer.

— Ce que tu me demandes est cruel, car je l'aime profondément. Que vais-je lui dire ?

— Je ne sais pas trop pour le moment, ce n'est pas facile.

— Et si on lui avouait tout simplement la vérité… Je suis certain qu'elle me pardonnerait.

— Ceci est impossible. Comment imaginer que tu puisses intégrer notre famille après le traumatisme que j'ai subi ? Si ma mère savait la vérité, tu serais maudit.

Il est effondré. J'insiste.

— C'est beaucoup mieux comme cela. Tu ne pourras jamais fonder un foyer équilibré avec Floriane sur de tels malentendus. Surtout dans notre famille éduquée dans les pures croyances catholiques. Tu ne serais jamais accepté. Pense aux conséquences pour toi et Floriane. De tels malentendus peuvent détruire votre entente.

Il marque un long moment de silence.

— Si personne ne lui dit rien, elle ne saura jamais pour nous. Nous sommes assez intelligents pour vivre heureux sans remuer le passé.

— Un jour ou l'autre, cette vérité éclaterait au grand jour. Il ne faut pas prendre le risque.

Xavier est profondément perturbé.

— Je m'excuse pour tout le mal que je t'ai fait. Nous étions si jeunes et immatures.

— Pour ma part, le fait de te parler libère enfin ma conscience.

— Ce que je t'ai fait ne me donne donc aucune seconde chance. Il va me falloir du temps pour oublier Floriane. C'était la femme de ma vie, j'en suis convaincu. Elle possède toutes les qualités que j'apprécie. Je vais mettre du temps à m'en remettre.

Désemparé, silencieux, le visage ravagé par le chagrin, il n'insiste pas. Il règle l'addition, me reconduit devant mon domicile, puis repart comme un automate avec un dernier « désolé Virginie ».

L'histoire s'achève ainsi…, l'histoire fait déjà partie du passé…

De retour chez moi, dans les méandres de mon mental, les remords m'accablent déjà.

Pourquoi vouloir à tout prix avouer ce secret afin de détruire le jeune couple innocent de Floriane et Xavier ? Pourquoi remuer tout ce passé qui me hante, mais qui n'appartient qu'à moi ? Pourquoi ne pas laisser la vie faire son chemin, sans me poser de questions ? Pourquoi tout ce gâchis ?

Le soir même, à une heure très tardive, Xavier m'appelle. Je suis terriblement confuse, mais je réponds tout de même.

— Tu as totalement raison, Virginie. Il me serait difficile de construire une relation durable et de confiance avec Floriane, fondée sur une grave erreur de jeunesse. J'ai le projet d'être en permanence à l'agence de Plaisir. Je vais lui proposer la possibilité d'être la principale de celle de Cherbourg, dans la mesure où elle accepte de continuer à travailler pour moi.

— C'est une bonne idée, car elle ne veut pas quitter sa Normandie. Elle a besoin de vivre pas loin de notre mère, surtout depuis le décès de notre père.

— Je comprends. Elle adore sa profession d'agent immobilier, elle s'épanouit dans ce milieu et apprécie beaucoup ses collègues. C'est une jeune femme solaire, dynamique, adorable qui fait son travail à la perfection. J'espère qu'elle acceptera.

— Je l'espère aussi.

— Si tu savais comme je suis malheureux. Comment lui expliquer notre rupture ?

— Je ne sais pas. Tu peux lui dire que tu n'es pas prêt à t'engager, que ta volonté de réussir passe avant tout et que tu préfères vivre en région parisienne. C'est une raison tellement classique chez les hommes ambitieux comme toi.

— Je vais tant souffrir sans elle, sans sa présence, sans sa joie de vivre, sans son sourire, sans son amour…

— Tu vas souffrir, c'est évident, mais le temps efface les douleurs.

Le temps n'a jamais effacé les miennes.

— J'espère…

— Je suis toujours à la recherche d'un appartement, mais le dernier que l'on a visité est beaucoup trop loin de mon cabinet médical. Ma demande de contre-visite était un prétexte pour te parler.

— Désormais, je comprends mieux ton animosité envers moi. Je ressens profondément la détresse et le sentiment d'abandon que tu as dû vivre à l'époque. Je suis vraiment malheureux de t'avoir fait tant souffrir Virginie.

— Je vais éviter ton agence désormais. C'est préférable pour notre équilibre.

— Bien entendu, c'est mieux ainsi.

Et voilà, je viens enfin d'accomplir ma revanche. Je me rassure en me persuadant que c'est une décision « franche et honnête ». Je suis triste, désabusée, pensive, mais c'est fait.

Assise sur mon canapé, devant un verre de rosé, je me déteste. Ce que je viens de faire est innommable. J'aurais pu faire le choix de ne rien dire, comme me l'avait conseillé Amélie.

Mais il est trop tard…

J'ai écouté mes pulsions, je n'aurais peut-être pas dû. Pourtant, les doutes m'accablent déjà. Je les chasse de mon mental devant un autre verre de rosé. Je refuse d'analyser mes sentiments, mes réactions et mes angoisses ce soir…

Tel un robot, je vais prendre une douche, j'écoute du Cabrel, puis je vais me coucher. Les robots n'ont pas d'âme, alors la mienne vient de disparaître.

Je prends conscience que quinze ans de ma vie viennent de se réhabiliter, mais ce sont quinze ans de ma vie perdus parce que je n'ai pas su affronter les fantômes du passé. Ce sont quinze ans sacrifiés pour rien, pour des chimères.

*Juste un peu plus d'amour encore*
*Pour moins de larmes*
*Pour moins de vide*
*Pour moins d'hiver*
***Il faudra leur dire ; Francis Cabrel***

# 20



**Quelques semaines plus tard.**

Le mois de février s'est installé. Le froid est encore bien présent sur la ville de Plaisir. Comme je l'avais prévu – et tant redouté –, mon cabinet ne désemplit pas. Je ne compte plus mes heures de travail, car cela me découragerait.

Le samedi soir arrive enfin. J'ai la chance de ne pas faire les urgences du week-end, car il existe des médecins qui le font. Sans secrétaire, sans femme de ménage, sans associé pour me soutenir, il m'est impossible d'assurer les gardes.

Il est vingt et une heures. Je prends une douche et j'enfile un pyjama douillet pour me sentir à l'aise. J'ai envie de me détendre, de me préparer un petit plateau-repas et de m'installer devant un film romantique à la télé comme je les aime, certainement à « l'eau de rose », mais tant pis. Ce soir, je veux éviter de penser au travail, à Xavier, à Floriane, à ma mère, à personne.

Maintenant que j'ai exprimé mes douleurs du passé à Xavier, j'ai besoin de m'occuper un peu plus de moi. Ce soir, mes pensées vont vers Alex. Je devine qu'il travaille sans relâche en ce moment. C'est un homme courageux, passionné par sa profession, tout comme moi.

Je ne sais pas comment analyser notre relation, s'il s'agit simplement d'une attirance physique ou bien d'un sentiment plus fort que je ne parviens pas à identifier. Sa volonté de garder sa liberté à tout prix m'empêche de tomber vraiment amoureuse. Nous sommes vraiment très différents. J'en suis pleinement consciente.

Alex est atypique. Il est très câlin et tendre dans l'instant présent, mais souvent absent quand je lui envoie des messages. Les réponses tardent à venir. J'ai compris son fonctionnement même si cela me contrarie parfois.

C'est un électron libre qui semble fuir l'attachement. En fait, cet homme est un peu mon double. Il a compris mon mode de vie alors il s'est adapté à mon célibat que je revendique – trop souvent peut-être.

Nous ne sommes pas toujours sur la même longueur d'onde, car nous possédons nos propres convictions. Nous avons enterré profondément nos intimes douleurs dans notre vécu. Ce vécu-là est notre jardin secret que personne ne pourra soigner ni guérir, car il n'appartient qu'à nous-mêmes.

Il est vingt-deux heures. Confortablement installée sur mon canapé, le corps enveloppé dans un plaid douillet, mon portable vibre. C'est Alex. Il a dû faire mon numéro par erreur.

Quelques secondes plus tard, il renouvelle son appel.

— Alex ? Que se passe-t-il ?

— Je te dérange ?

— Un peu…

— Tu n'es pas seule ?

— Si, je suis seule, devant la télé.

— Je peux passer ?

— Passer ? Mais je suis déjà démaquillée, en pyjama, fatiguée, prête à aller dormir.

— Et alors ? Je t'ai déjà vue ainsi.

— Je suis exténuée par ma semaine de travail. J'ai envie de me reposer.

— Moi aussi je suis exténué. Les urgences sont saturées en ce moment. Je ne calcule même plus mes heures de travail. Pourtant, j'ai vraiment besoin de te voir ce soir. Je me sens terriblement seul. Je voudrais dormir avec toi. J'aimerais tant sentir la chaleur de ton corps, me sentir vivant.

C'est direct, comme un appel au secours.

— Si tu viens, je ne te promets pas d'être très amoureuse. Je ne pense qu'à dormir, rien de plus.

— Je me doute. Et même si tu l'étais, je ne serais pas très performant. J'ai seulement envie de sentir ton corps contre le mien. Dis-moi oui, s'il te plaît. Je te promets de ne pas troubler ton sommeil.

Alex est vraiment imprévisible. Je repense à ma conversation avec Xavier, à mes états d'âme perturbés, aux larmes de Floriane quand elle va apprendre la rupture…

Je suis désemparée alors j'accepte. Moi aussi, j'ai envie de chasser les idées noires et de sentir ce soir le corps d'un homme qui me plaît contre le mien, pour me sentir vivante.

En ce moment, je sature des gens malades. Quand j'ouvre la salle d'attente et que j'aperçois tout ce monde qui m'attend, qui croit en moi, comme si j'étais une magicienne sans aucune faille, j'ai envie de fuir, mais je ne peux pas. Je n'ai pas le droit au burn-out. Un médecin ne doit pas craquer, sinon il prend un remplaçant.

— OK, tu peux venir.

— T'es un amour…

— Je sais…

Vingt minutes plus tard, Alex et moi nous retrouvons, enchantés de nous revoir et de passer la soirée ensemble. Après avoir bu quelques verres de vin blanc pétillant, échanger quelques mots sur notre journée, nous allons nous coucher directement, tel un couple ordinaire. Nous parlons à peine, car nous sommes épuisés. Nous pensons seulement à partager une longue nuit de sommeil bien méritée.

Nos corps collés l'un contre l'autre, nous nous endormons comme des bébés, sans les moindres questions dont les réponses seraient banales. Nous sommes apaisés avec ce simple sentiment d'être ensemble.

Simplement heureux…

Le lendemain matin, vers dix heures, j'ouvre les yeux. Le ronflement discret et régulier d'Alex au creux de mon oreille me réveille en douceur. Délicatement, je soulève son bras autour de mon cou et je me lève discrètement, afin qu'il puisse prolonger sa nuit un peu plus longtemps. J'enfile un vêtement souple et je pars acheter des croissants vers la boulangerie la plus proche.

Lorsque je rentre, Alex est debout dans la cuisine, ma robe de chambre imprimée fleurie sur le dos, en train de préparer le café. Je suis prise d'un fou rire !

— C'est comme ça la vie de couple ? dis-je innocemment.

— La vie de couple ? Je ne sais pas ce que c'est. La seule femme que j'ai eu la malchance de supporter quelques jours, dans mes souvenirs, remonte à bien longtemps.

Je soupire, car je vais bientôt faire partie de ses innombrables conquêtes féminines.

— Hélas, ce sera mon cas également dans peu de temps.

Alex semble intrigué par cette réplique.

— Pourquoi dis-tu cela ? Tu es différente des femmes que j'ai connues avant toi. Ne te pose pas trop de questions, j'ai horreur de cela.

— Je retire ce que j'ai dit ! Bon appétit.

Nous apprécions ce bon petit déjeuner ensemble, avec cette délicieuse odeur de café, en nous racontant des blagues de gamins. Que cela fait du bien au moral d'oublier le monde du travail.

— Merci pour les croissants.

— Ça me fait vraiment plaisir. Partager ce moment avec toi, c'est tellement rare. C'est la première fois d'ailleurs, dis-je.

— C'est vrai ; aujourd'hui, nous pouvons passer un peu plus de temps ensemble, reconnaît-il.

— J'espère que ce n'est pas l'unique fois. Je me sens si bien avec toi, sans parler de nos moments intimes.

— Moi aussi je t'apprécie beaucoup, mais à long terme, est-ce que cela irait ? Nous sommes trop identiques pour nous supporter longtemps dans un quotidien commun.

— Que veux-tu dire par « identiques » ? dis-je, surprise.

— Nous avons les mêmes professions que nous plaçons dans nos priorités. Nous aimons notre liberté. Nous ne souhaitons pas de vie en couple. Nous refusons la routine. Nous sommes lucides sur le temps qui passe et qui sabote tous nos rêves.

Je suis consternée. Alex est encore plus pessimiste que moi.

— Sincèrement, tu penses que les couples sont voués à l'échec ?

— Oui, les couples n'ont aucune chance d'être heureux à long terme, ou bien chacun en perd sa propre identité. Le célibat est selon moi le seul moyen de s'en sortir.

— Il y a des couples qui durent. Donne-moi un argument.

— Nous ne sommes que de passage sur Terre. Si tu apprends que tu as une maladie incurable, penses-tu vraiment que ton conjoint va t'aider à passer de l'autre côté ? Tu crois que ses mots d'amour vont te donner du courage ? Non, car tu seras toujours seule face à toi-même vers l'ultime voyage.

Je suis déstabilisée. Alex est d'un réalisme qui me glace le sang.

— Bien sûr, tu as raison. Même si la vie n'est pas un cadeau en soi, autant en profiter le mieux possible. Nous avons choisi tous les deux des professions au service des autres. Notre rôle est de montrer le côté positif de l'existence.

Alex est pensif. Il répond calmement.

— Bien entendu. Ne sois pas étonnée de ma réaction, car je suis pessimiste depuis bien longtemps. J'essaie de dissimuler ce côté obscur de ma personnalité par l'humour et par beaucoup de sorties festives. Ma profession de médecin-urgentiste n'est pas vraiment appropriée à mon mental. J'aurais dû être clown.

— Un clown triste, alors.

— Les clowns ne font pas toujours rire. D'ailleurs, beaucoup de petits en ont peur.

— C'est vrai. Parle-moi de toi, de ta vie privée. As-tu déjà été amoureux longtemps ?

Alex soupire, perturbé par mes questions.

— Pendant mes études de médecine, j'ai très vite compris que je plaisais aux femmes. J'ai abusé de mon pouvoir de séduction. Je suis peut-être blasé.

— J'imagine…

— Les médecins-urgentistes sont souvent comme les pompiers. Les horreurs qu'ils côtoient leur créent des besoins animaux pour surmonter leurs souffrances.

— C'est tout à fait compréhensible. Bien entendu, ils ne sont pas tous comme cela.

— Évidemment. Quand j'aurai trouvé ma perle, je serai peut-être le plus fidèle des maris.

— Tu n'as que trente ans. Tu as le temps de la trouver.

Un ange passe.

— Peut-être que ma future perle est là, en face de moi…

Je souris.

— Qui sait ?

Le temps passe vite avec Alex. Il est déjà onze heures trente. Quand j'ouvre mon frigo, il me rappelle tristement qu'il est vide.

— J'aimerais t'inviter à déjeuner, mais je n'ai que des pâtes au gruyère à te proposer. Avec mes consultations, je n'ai pas eu le temps de faire les courses.

— Ce n'est pas grave. Fais-toi toute belle, je t'emmène au restaurant.

— Lequel ?

— Celui que tu veux.

— Alors *Au P'tit Plaisir* ? C'est ouvert le dimanche et je l'apprécie beaucoup. C'est bon et pas trop cher.

— Si tu veux. Après, nous pourrions aller au cinéma ? Qu'en penses-tu ?

— Superbe idée. Je vais me préparer.

— J'aime beaucoup tes cheveux de cette couleur blonde, tu es beaucoup plus jolie. Cela te rajeunit.

— Il paraît…

S'il savait pourquoi j'avais décidé de me teindre en brune…

# 21

*C'est une erreur de vivre selon le mode d'autrui et de faire une chose uniquement parce que d'autres la font. C'est un inestimable bien de s'appartenir à soi-même.*

**Sénèque**

**Fin février.**

C'est dimanche, il est neuf heures. Je me réveille avec un grand sentiment de tristesse. Le temps est maussade, la température extérieure est encore bien basse et la grisaille persiste. Je suis enrhumée, je tousse et j'ai très mal à la tête. Ce dimanche s'annonce très mal.

Que vais-je faire aujourd'hui ? Je n'en ai aucune idée. Peut-être continuer à lire le roman de Guillaume Musso, que j'ai du mal à terminer ? Non parce qu'il n'est pas intéressant, mais parce que mes pensées sont piégées ailleurs.

Ma relation avec Alex, mi-amicale, mi-amoureuse me déstabilise. Depuis notre dernière rencontre, j'ai bien compris son désir de ne pas s'attacher. Il aime trop sa liberté pour s'engager sérieusement. La vie de couple lui fait peur. Je suis sa meilleure amie, rien de plus.

Floriane sera désespérée lorsque Xavier lui annoncera la terrible nouvelle – si ce n'est pas déjà fait –, celle de son intention de la quitter. Quel motif va-t-il lui donner ? Quel mensonge va-t-il pouvoir trouver ? Je n'ose pas penser aux conséquences. Quel dommage !

Je m'en veux encore d'avoir tout détruit, mais avais-je le choix ? Comment construire une vie de couple épanouie sur un tel secret ? Un jour ou l'autre, la vérité aurait refait surface.

Ma mère était comblée de les voir heureux ensemble. Ils étaient tellement bien assortis. Je suis persuadée qu'elle s'imaginait déjà grand-mère ! Elle aussi va être très malheureuse.

Je n'ai plus aucune rancune contre Xavier maintenant que je lui ai tout avoué. J'ai enfin fait le deuil de notre aventure. Je ressens seulement de la mélancolie, un grand vide, un sentiment d'amertume et beaucoup de peine.

Je crois avoir enfin pardonné à ma mère et j'ai enfin réussi à cicatriser les douleurs de mon adolescence brisée, mais je reste encore fragile. Maintenant, il faudrait que je pense un peu plus à moi, à mon futur.

Actuellement, ma vie prend un nouveau virage – j'en suis consciente – et je me remets beaucoup en question.

Maintenant que mon psychisme va mieux, que j'ai retrouvé un certain équilibre, j'aimerais tant connaître la stabilité affective.

Aurais-je la chance de tomber amoureuse un jour d'un homme qui me donnera le désir de passer le reste de mes jours avec lui ? Et pourquoi ne pas devenir mère ? Avoir des enfants que je pourrais chérir et qui donneraient un sens à ma vie ? Des histoires à raconter le soir à mes chers petits trésors ? C'est mon souhait le plus cher, le plus intime.

Désormais, je me sens prête à fonder une vraie famille. Mais où trouver le futur homme de ma vie en exerçant une profession qui m'accapare autant ? Bien sûr, il existe les sites de rencontre, mais cela ne m'attire pas.

Devant mon café bien chaud, mes tartines de pain grillé tartinées de confiture d'orange, mon verre de vitamine C pour lutter contre les virus, un comprimé de Dafalgan pour atténuer ma migraine, j'écoute la radio. La musique me fait du bien. On dit qu'elle adoucit les mœurs, mais dans mon cas, elle atténue les maux de mon âme et mes pensées vagabondes.

Dans la salle de bain, je suis en train de prendre ma douche quand j'entends mon portable sonner dans la pièce à côté, mais je ne peux pas répondre pour le moment. Ce matin, il n'est pas question d'abréger le plaisir prolongé de ma douche à jets multiples. Ce sont des instants de bien-être que je ne veux pas rater, surtout quand j'ai tout mon temps. C'est un réel plaisir corporel.

Enveloppée dans mon peignoir blanc en coton douillet, je vais jeter un coup d'œil sur mon téléphone. Ma mère vient de m'appeler, mais elle n'a laissé aucun message. Je la rappelle rapidement, car ce n'est pas dans ses habitudes d'appeler si tôt le dimanche matin, alors qu'elle doit préparer la messe avec Angèle.

— Maman ? Ça va ?

— Non, ma chérie, ça ne va pas. Je suis très malheureuse. Je viens d'apprendre le décès d'Angèle.

— Angèle est décédée ? Mais de quoi ? La dernière fois que je l'ai rencontrée, elle semblait en pleine forme.

— Il s'agit d'un accident épouvantable ! En allant à l'église, hier soir, elle a été renversée par un automobiliste alors qu'elle traversait la route sur le passage piéton. Ce chauffard roulait à grande vitesse. Il avait un fort taux d'alcoolémie. Il l'a aperçue trop tard et n'a pas eu le temps de freiner. La pauvre n'a pas survécu à ses graves blessures.

Mince ! Dieu était occupé ailleurs pour la garder en vie…

— C'est terrible, je comprends ta détresse, maman, mais que puis-je faire pour toi, à part faire parvenir à l'église une gerbe de fleurs le jour de l'inhumation ?

— C'est mercredi après-midi prochain. Tu pourrais peut-être te libérer ?

J'ai pardonné à beaucoup de gens, mais à Angèle, c'est impossible ! Maintenant qu'elle est morte, je dis « Paix à son âme. », et c'est tout.

Pourtant, je prends tout de même le temps de réfléchir. Je ne suis pas un monstre.

— Bon d'accord, je vais me libérer. Ça me permettra de te voir ainsi que Floriane. J'arriverai en voiture mercredi dans la matinée.

— Merci ma chérie. Nous étions si liées toutes les deux. C'est si difficile pour moi.

— Je devine, maman, mais sois forte, car la vie continue. Toi qui es si croyante, tu le sais mieux que moi.

Déjà onze heures. J'ai envie de courir un peu dans le jardin public de Plaisir, histoire de digérer cette triste nouvelle – surtout pour ma mère –, lorsque mon portable sonne à nouveau.

Cette fois, il s'agit de Floriane. Je réponds très vite.

— Virginie…

— Floriane ? Ça va ?

— …

— Floriane, que se passe-t-il ? Parle !

— C'est Xavier…

Hélas, je devine.

— Calme-toi ; explique-moi.

Elle est en sanglots.

— Il me quitte…

— Mais pourquoi ?

— Je ne sais pas, je suis sous le choc. Il m'a annoncé cela hier soir. C'était si brutal que je n'ai rien compris. Pourtant, tout allait bien entre nous. Je ne comprends pas, je ne réalise pas, je suis désespérée…

Comment la consoler ? Que dire ? Hélas, je ne peux rien lui dévoiler. C'est le secret que je partage avec Xavier.

— Ce n'est peut-être qu'un malentendu. Cela va pouvoir s'arranger, j'espère, dis-je pour la réconforter.

Hélas non. Cela ne s'arrangera pas.

— Que vais-je faire maintenant ? Je ne vais plus le supporter en tant que patron ? Le voir et devoir le côtoyer tous les jours ? Tu imagines ?

— Je comprends, ce sera impossible pour toi. Je serai à Cherbourg mercredi prochain. On en parlera ensemble. Sois forte !

— Tu viens pour moi ?

— Je ne viens pas que pour toi. Maman vient de m'apprendre le décès accidentel de son amie Angèle. Je viendrai à l'inhumation, pour lui faire plaisir.

— C'est épouvantable, je ne savais pas ! Maman doit être bouleversée.

— Elle l'est… Nous pourrons discuter à froid de ces coups durs du destin et mettre tout à plat. Xavier ne te mérite pas, c'est évident.

— Je l'aimais tant !

— Je sais…

Il est tard, très tard. Je suis dans mon lit, je me retourne dans tous les sens pour trouver le sommeil. J'essaie le bol de lait chaud avec du miel, ça ne fonctionne pas. Je tente la relaxation profonde, avec la respiration qui l'accompagne, c'est peine perdue. Je veux dormir à tout prix, alors j'avale un somnifère puissant.

À ce moment, Xavier m'appelle. Sa voix tremblante traduit son émotion.

— Bonsoir Virginie. J'espère que je ne te réveille pas.

— Non, mais j'ai avalé un somnifère. Je te donne dix minutes pour parler.

— J'ai annoncé ma rupture à Floriane. Je vais très mal.

— Je suis au courant, elle m'a appelée.

— Déjà ?

— Elle est totalement désespérée. Je serai à Cherbourg mercredi prochain, car l'amie de ma mère, Angèle, est décédée. Je voudrais être près de ma mère.

— Mince ! Ce sera très dur à vivre pour elle. Angèle était son amie proche.

— Angèle, ce n'est vraiment pas ma priorité. Je voudrais seulement que ma petite sœur adorée surmonte votre rupture.

— Si tu savais comme je suis malheureux. Floriane, c'est une femme que j'adore. C'est une personne extraordinaire. Elle ne mérite pas de devoir payer notre drame du passé. Tout cela est trop injuste !

— J'y ai beaucoup réfléchi. Floriane ne mérite pas non plus de construire sa vie sur un malentendu aussi grave. Ce que nous avons vécu ensemble est trop grave. Lui as-tu donné une explication sur votre séparation ?

— Non, j'étais trop bouleversé. Je n'ai pas d'arguments. Je suis complètement perdu.

— Je sais Xavier, mais c'est fait, et c'est trop tard… Mercredi, je tenterai de réconforter ma sœur. Il y a eu trop d'émotions aujourd'hui.

Là, je sens le sommeil me dominer. Je dois interrompre la conversation.

— Tu seras encore à Plaisir les jours à venir ? dis-je.

— Oui, pour quelques semaines encore, car je dois former un nouvel agent immobilier. Avant tout, ma priorité est d'avoir une explication franche avec Floriane et de lui proposer ce poste dans mon agence de Cherbourg. Cela me rend malade de lui faire autant de mal. Bonne nuit Virginie.

— Courage Xavier. Tu sais autant que moi que l'on ne peut pas refaire le passé.

— Hélas…

Les bras de Morphée m'appellent. Il m'est impossible de lutter davantage. Je plonge dans un sommeil profond.

Les questions, les réponses, les doutes, les incertitudes se moquent bien de mes sentiments confus ce soir, après ce terrible dimanche.

Morphée est plus fort que moi…

# 22


**La cabane du pêcheur ; Francis Cabrel**

J'ai accompagné ma mère à l'inhumation d'Angèle, comme je lui avais promis. L'église était remplie de fidèles. Le discours du prêtre était émouvant, reconnaissant son engagement total, depuis tant d'années, dans les œuvres de charité, dans l'éducation religieuse des jeunes enfants et dans sa mission pour faire perdurer la foi en Dieu.

J'ai écouté ce bel hommage, j'ai respecté les larmes de ma mère, mais c'est tout, je n'ai pas prié.

Je suis incapable de prier, car je ne sais pas et je ne veux plus apprendre. Je suis capable d'aimer, je ferais tout pour aider les autres, j'aime les gens, mais je ne sais pas prier.

Je connais le pardon, mais pas pour tout le monde. Je suis sincèrement désolée, mais je n'ai aucun chagrin pour Angèle. C'est au-dessus de mes forces.

Cette femme n'a jamais rien fait pour dissuader ma mère de me faire avorter. Bien au contraire, elle était d'accord avec ce choix, sans se préoccuper de mes sentiments.

Après l'enterrement puis les condoléances, ma mère et moi rentrons, silencieuses. Nous ne savons pas quoi nous dire, mais de toute façon, les mots seraient inutiles. Ma mère va mal. Elle pleure en silence.

Pour ma part, je ne ressens aucune peine ni aucune émotion. Je comprends son chagrin, mais c'est tout. Mes pensées sont obnubilées par le mal que je viens de faire à Floriane et Xavier…

Dans le salon, Floriane est là, assise sur le grand canapé, le regard fixe, le visage entre ses mains. Ma mère intervient, car elle ne s'attendait pas à la voir en ce mercredi soir.

— Floriane ? Ça va ? Je ne pensais pas te voir. Que se passe-t-il ?

— Toutes mes condoléances pour Angèle, maman. Je devine que c'est très difficile à vivre pour toi.

— C'est gentil Floriane.

— Je savais que Virginie serait là ce soir. J'ai besoin de vous voir toutes les deux. Il faut que je vous parle.

— Il n'y a rien de grave ? s'inquiète notre mère.

— Si maman, je ne vais pas bien du tout.

— Mais tu as pleuré ? Tes yeux sont tout rouges ! Que se passe-t-il ?

— J'ai pleuré, oui, mais pas pour Angèle. J'ai pleuré parce que Xavier vient de rompre. Je suis désespérée.

Ma mère est sidérée. Elle se précipite dans ses bras.

— Mais ce n'est pas possible ! Xavier est si amoureux de toi !

— Hélas, c'est la terrible vérité. Xavier doit avoir une autre relation, car il m'a quittée.

— Mais que s'est-il passé ?

— Il ne s'est rien passé de particulier. La semaine dernière encore, nous faisions des projets ensemble. Nous rêvions d'acheter une maison ici, en Normandie, tout près de la mer, et de fonder une famille. Je suis dégoûtée.

Les larmes coulent sur son visage. Elle est effondrée. Cela fait trop de mauvaises nouvelles en même temps.

Désemparée, je n'ai même pas la force de la consoler…

Le dégoût, c'est moi qui le ressens ce soir. Pourquoi avoir parlé de cet avortement à Xavier ? Après tout, j'aurais pu garder ce lourd secret en moi, comme Amélie me l'avait suggéré. Je n'ai même plus le courage de regarder ma mère et ma sœur dans les yeux. J'ai envie de fuir.

— Tu repars quand ? me demande ma mère, sur un ton neutre.

— Demain matin, très tôt. Je dois être à Plaisir à quatorze heures pour mes rendez-vous.

— Floriane ? Veux-tu dormir ici ce soir ?

— Merci, maman, je veux bien. J'ai besoin d'une présence. Dès demain matin, je préviens l'agence que je prends une semaine de congé. Je ne pense pas que Xavier s'oppose à ma décision.

— Quelle triste journée, conclut-elle. Je n'ai pas faim, je vais me coucher.

— Maman, avale ce tranquillisant ce soir. Tu pourras trouver le sommeil plus facilement. Ne t'inquiète pas, ce n'est pas fort.

— Merci Virginie.

La soirée n'a aucun sens. Floriane et moi agissons de façon mécanique, avec des visages qui n'expriment rien. Les sanglots de ma sœur occupent les silences.

Je me sens coupable, car je porte l'entière responsabilité de cette terrible rupture. J'ai voulu me venger, inconsciemment peut-être, mais je l'ai fait. J'ai agi sous l'emprise de la colère.

Je regrette, mais hélas, il est trop tard. Il m'est impossible de revenir en arrière. Xavier ne reviendra plus maintenant. J'ai souffert, je fais souffrir. La boucle est bouclée.

Ce soir, je me sens si mal dans ma peau que je décide de rentrer chez moi au plus vite. Affronter ma famille au petit déjeuner demain matin me sera impossible.

Il est minuit. Dans le silence de la maison, dans l'obscurité de la nuit, dans la douleur de mes sentiments torturés par les remords, je rédige quelques mots à ma mère sur la table du salon et je m'enfuis.

Ma petite sœur est trop malheureuse. Elle ne mérite pas de subir un tel chagrin amoureux. Elle n'est responsable de rien. C'est une victime innocente de mon erreur de jeunesse.

Pourquoi ai-je révélé tout cela à Xavier ? Pourquoi n'ai-je pas été capable de garder ce secret pour moi seule ? Désormais, Angèle est décédée et la seule personne à qui je pourrais en vouloir est ma mère. Est-ce que cela justifie une telle méchanceté de ma part ?

Non, ce que j'ai fait est ignoble. Dès que je rentre à Plaisir, je décide de rencontrer Xavier à l'agence et tenter de lui exprimer mes remords, parce qu'il n'est peut-être pas trop tard.

Il faudrait qu'il ait le courage de tout expliquer à Floriane. Il doit lui dire la vérité, lui parler de cette nuit du Bac désastreuse où nous étions si jeunes et immatures.

Pourvu qu'il accepte, qu'il comprenne et qu'il accepte mes arguments. Il va me prendre pour une girouette, mais peu importe.

Nous n'avons plus rien à perdre…

Je roule beaucoup trop vite. Les kilomètres défilent à toute vitesse. Je mets mon CD préféré de Francis Cabrel, car ce soir, si je pouvais me pulvériser en musique, ma conscience serait enfin apaisée pour toujours.

*Cette route ne mène nulle part*
*Alors viens faire toi-même*
*le mélange des couleurs*
*Sur les murs de la cabane du pêcheur*
*On va comparer nos malheurs*
*Là, dans la cabane du pêcheur*
*Partager un peu de chaleur*
*Là, dans la cabane du pêcheur*
*Moi, j'attends que le monde soit meilleur*

*Là, dans la cabane du pêcheur*
**La cabane du pêcheur ; Francis Cabrel**

Dès le jeudi matin, à l'ouverture, je me présente à l'agence de Xavier. Sa collaboratrice Anna me demande si j'ai rendez-vous. Je lui annonce que non, que c'est personnel. Elle me demande de patienter en salle d'attente.

Je suis nerveuse, fébrile et accablée en même temps. Tous les évènements de ces derniers jours m'ont totalement bouleversée. Je ne sais plus comment faire machine arrière. Je me sens lamentable.

Xavier se présente enfin.

— Bonsoir, Xavier, comment vas-tu ?

— À ton avis ?

— Je sais, comme moi.

— Pourquoi veux-tu me voir ?

— Je suis terriblement désolée. Je n'aurais jamais dû remuer ce passé entre nous. Si tu savais comme je regrette.

— Un jour ou l'autre, je t'aurais reconnue. Ta voix me rappelait quelqu'un que je ne savais pas identifier sur le moment. Ceci dit, je préfère ne plus te rencontrer. Je souffre trop.

— Si tu savais comme je regrette d'avoir agi ainsi. Ne veux-tu pas essayer de dire la vérité à Floriane ? Peut-être qu'elle comprendra. C'était ta première idée, rappelle-toi !

— Il est trop tard. Ça fait mal, mais tu as raison. Il est impossible que je devienne ton beau-frère. Allez, pars maintenant.

— OK, je pars…


La vie est ainsi, avec ce que l'on fait, ce que l'on dit, mais que l'on regrette ensuite. Nos erreurs, en principe, doivent nous faire progresser quoiqu'il arrive, alors je dois aller de l'avant.

Maintenant, je dois me recentrer sur moi-même. Sur ma profession que j'adore – qui me permet d'oublier mes tourments –, sur ma vie de femme que j'aimerais plus épanouie et sur les gens que j'aime.

Ma mère a perdu sa fidèle amie, ma sœur doit surmonter sa rupture, Amélie et Alex sont toujours là pour moi et la vie ne demande qu'à continuer.

Tel est notre destin, rempli d'épreuves que l'on doit affronter pour survivre…

Avons-nous le choix ?

# 23

*J'y avais mis des gens de passage,*
*j'avais mélangé les couleurs*
*Je leur avais appris le partage,*
*ils avaient répété par cœur « toujours !»*
*Tous toujours dans la même ronde*
*Je vais aller m'asseoir*
*sur le rebord du monde*
*Voir ce que les hommes en ont fait*
***Assis sur le rebord du monde ;***
***Francis Cabrel***

**Quelques semaines plus tard ; début avril.**

Floriane va un peu mieux. Après un temps de réflexion et malgré quelques réticences, elle a finalement accepté le poste à responsabilités que lui a proposé Xavier.

Sa profession d'agent immobilier, dans laquelle elle s'investit beaucoup, est une véritable révélation. Cela lui permet de s'épanouir dans ce milieu, de rencontrer beaucoup de gens et ainsi, d'oublier un peu sa peine.

Pour le moment, Xavier ne veut pas créer de tensions supplémentaires, alors il évite de la côtoyer, bien que désormais, ce soit seulement son patron – elle est plus forte que je ne l'imaginais. Il gère désormais l'agence de Plaisir où le marché de l'immobilier fonctionne à plein régime.

De mon côté, j'ai repris mes consultations dans mon cabinet médical et je vis toujours dans mon petit appartement situé au-dessus. Pour le moment, mon envie d'investir dans un bien s'estompe terriblement. Je ne suis plus motivée.

C'est la mort dans l'âme que j'ai retrouvé mes repères, car je sais que j'ai tout gâché, que tout est de ma faute, mais il est trop tard.

Ce soir, je dois rejoindre mon amie Amélie *Au P'tit Plaisir* pour me changer les idées. Je n'ai pas l'intention de lui parler de mes douleurs, de mes erreurs. Je voudrais juste passer un moment de détente en sa compagnie.

— Comment vas-tu, depuis tout ce temps ?

— Ça va moyen. L'amie de ma mère est décédée accidentellement. Floriane n'habitant pas loin, elle vient lui rendre visite régulièrement, afin qu'elle se sente moins seule.

— As-tu suivi mes conseils, au sujet de Xavier et de Floriane ?

Les fameux conseils de ne pas remuer le passé douloureux de mon adolescence.

Ce n'est pas facile de mentir.

— Bien entendu, j'ai suivi tes conseils.

— Comment vont-ils ?

— Ils se sont séparés.

— Ah bon, mais pour quelle raison ?

Je dois mentir encore.

— Je n'en connais pas trop la raison.

— Et toi, tu es toujours célibataire ?

Ce sujet-là me convient mieux, car je n'ai pas besoin de dissimuler la vérité.

— J'ai rencontré quelqu'un.

— Enfin ! Raconte-moi ! Depuis le temps que tu es seule, c'est un miracle.

— N'exagère pas. C'est un homme un peu plus jeune que moi. Il s'appelle Alexandre Parisi. Il est médecin-urgentiste à l'hôpital de Plaisir. Il possède énormément d'humour. C'est un très bel homme – presque trop pour moi. J'adore son sens de la répartie. Il sait me faire rire.

Nous nous voyons souvent, mais nous ne faisons aucun projet d'avenir. Tant mieux, car je serais beaucoup trop jalouse si j'avais un mari aussi séduisant que lui à mon bras !

— À ce point ! J'aimerais bien que tu me le présentes.

J'aime la compagnie d'Amélie, solaire et positive. Elle sait me faire apprécier les moments simples de la vie, tels qu'un repas convivial dans mon petit restaurant préféré.

— Et toi ? dis-je. Tes amours ?

— Ils sont parfaits. J'ai vécu quinze jours de bonheur sans nuages avec mon chéri et nous avons décidé de continuer ainsi, c'est-à-dire de nous voir que de temps en temps. C'est notre façon de fonctionner. On est heureux chacun de notre côté. On ne se voit que pour le meilleur. Les problèmes n'existent pas entre nous, car on n'en parle pas quand on est ensemble.

Peut-être que lorsque nous serons très vieux, nous envisagerons une vie en commun ? Pour le moment, ce n'est pas d'actualité.

— Je t'admire.

— Je te l'ai déjà dit, Virginie. Il faut savoir ce que l'on veut dans la vie et ne pas s'écarter de son but. L'essentiel est d'être capable de profiter de l'instant présent pour être heureux.

— J'essaie, mais j'ai du mal…

Nous savourons nos délicieuses escalopes à la normande lorsque Amélie me chuchote ces quelques mots.

— Ne te retourne surtout pas. J'aperçois un très beau jeune homme qui se dirige vers notre table. Tu risques d'avoir un malaise…

L'homme dont il est question s'approche effectivement de notre table, nous salue, hésite un moment puis m'adresse la parole.

C'est Alex !

— Bonsoir Virginie. Je n'arrivais pas à te joindre. Ton portable doit être éteint. Je suis venu ici par hasard, en espérant te trouver, et je t'ai trouvée. Tu me présentes ?

Je suis troublée…

— Voici Amélie, ma meilleure amie.

— Enchanté. Virginie m'a beaucoup parlé de vous. Vous êtes sa psy préférée ?

— Je suis surtout sa meilleure amie, cher monsieur. Virginie n'a pas besoin de psy !

— Je te présente mon ami Alex, dis-je.

— Virginie m'avait dit que vous étiez séduisant, mais à ce point !

Je suis gênée… Alex enchaîne.

— Virginie est une femme de goût.

— Je vois ça. Vous avez dîné ?

— Non, je sors du travail. Je suis crevé. Les urgences sont saturées. On peut se tutoyer ?

— Bien sûr !

— Tu veux te joindre à nous et manger quelque chose ? demande Amélie.

— Je vais commencer par une bonne bière bien fraîche. Je n'ai pas très faim, mais je vais commander comme vous. Ce que vous mangez me semble délicieux.

— C'est un régal, dis-je.

La soirée se déroule dans la bonne humeur, entre blagues et insouciance. Je sens qu'Alex est très à l'aise. Amélie et Alex sont fabriqués sur le même moule, celui de l'autodérision.

Ce sont deux personnes optimistes, aimant les plaisirs simples et sachant relativiser les petits problèmes du quotidien. J'aimerais tant avoir ce caractère optimiste ! Hélas, je suis une névrosée et je le sais.

Je regarde ma montre, il est tard.

— Alex, je vais rentrer. Je dois appeler ma sœur qui n'est pas en forme en ce moment.

— Bien sûr, je comprends, c'est normal. Je t'appelle demain soir.

— OK.

Avant de quitter le restaurant, je règle ma note au comptoir puis je me précipite dans ma voiture. J'ai passé une si bonne soirée avec mes amis que je culpabilise encore plus de ne pas avoir respecté les conseils d'Amélie. J'ai envie de fuir, de ne plus penser, surtout à Floriane à qui j'ai fait tant de mal.

Il me faudra du temps pour apaiser mon mental. Je lui souhaite de tout cœur de retrouver l'amour le plus rapidement possible.


Ce soir, je suis énervée, je n'ai pas envie d'aller dormir. Vers vingt-deux heures, j'ai tenté d'appeler ma sœur, mais sans succès. C'est sa messagerie qui m'a laissé entendre sa voix.

Je traîne devant la télé qui ne parle qu'à elle-même lorsque la sonnerie de mon portable retentit. C'est Floriane. Je réponds.

— Floriane ? À cette heure ? Que se passe-t-il ?

— C'est terrible ce qu'il m'arrive…
— Quoi ? Parle !
— …
— Vite ! Dis-moi !
— Je suis enceinte…
Je suis fatiguée, je dis n'importe quoi…
— Enceinte ? Mais de qui ?
— De Xavier bien entendu. Je ne connais personne d'autre depuis notre rupture.
— Qui est au courant ?
— Personne, à part toi maintenant.
Je suis sous le choc, comme si je venais de subir une agression…
Les mots sont un enfer… Que dire ?
— Que vas-tu faire ?
— Quelle question ? J'ai choisi de me faire avorter, évidemment. Élever un enfant sans père, je n'en ai pas la force. Je voulais juste te prévenir, parce que tu es ma sœur et que tu es médecin. Tu es capable de me comprendre. J'ai rendez-vous vendredi à la clinique.

Une interruption volontaire de grossesse, tout simplement, comme si c'était un acte banal ! J'ai envie de crier ma détresse. Je fais un effort surhumain pour rester calme.

— C'est-à-dire vendredi prochain ?
— C'est ça, vendredi à dix heures.

Aucun mot n'est adapté à ce moment de ma vie, à cette vérité tranchante. Mon cœur bat la chamade. Je réponds comme un automate.

— Tu as bien réfléchi à tout ? Toutes les conséquences ?

— Quelles conséquences ? Le fœtus n'a que deux mois environ. Il ne va pas souffrir.

— Mais je pense à toi. As-tu pensé aux conséquences psychologiques ?

— Xavier m'a laissé tomber sans aucune explication. C'est ça qui me fait mal. Le reste, ça m'est totalement égal.

Je suis sidérée, horrifiée, affolée…

— Je comprends…

Non, non, je ne comprends pas ! C'est la panique dans mon esprit ! Ce n'est pas possible, je vis un cauchemar ! Ma petite sœur adorée ne peut pas vivre l'enfer moral que j'ai vécu, et qui me poursuit encore !

Il faut que je parle à Floriane, que je lui explique tout ce que j'ai vécu dans ma jeunesse, il le faut…

— Je ne sais pas quoi te dire…, je suis désemparée, dis-je.

— Alors, ne dis rien ! Bonne nuit.

Floriane me souhaite une simple « bonne nuit » après l'immense choc que je viens de recevoir en plein cœur et l'angoisse qui naît en moi…

Je n'ai plus le choix. Je dois essayer de sauver son bébé. Elle doit être au courant du traumatisme que j'ai enduré après mon propre avortement, même si les circonstances à l'époque étaient différentes.

Je vais devoir tout lui dire. Si je ne le fais pas avant qu'elle ne commette l'irréparable, je m'en voudrais toute ma vie.

Ce n'était pas mon choix, car il m'a été imposé. Floriane a encore le choix de changer d'avis…

# 24


*Dieu qui s'est assis*
*sur le rebord du monde*
*Et qui pleure de voir tel qu'il est*
**Assis sur le rebord du monde ;**
**Francis Cabrel**

Malgré l'heure tardive, j'appelle Phil pour qu'il puisse assurer mes rendez-vous les jours à venir. Je voudrais rencontrer ma sœur, lui parler, avant qu'elle ne commette cet acte irréversible. Il accepte sans hésiter et ne pose aucune question. Il doit sentir à ma voix tremblante que le sujet est grave.

Le lendemain, je file vers Cherbourg. Les kilomètres défilent, la route me semble durer une éternité. Je n'ai même pas envie d'écouter de la musique, emmurée dans mes questions, dans mes doutes, tout en gardant l'espoir, même s'il est minime, que Floriane accepte de m'écouter.

Mon intention est de lui révéler ce que j'ai vécu toute jeune, c'est-à-dire mon avortement imposé par ma mère. Cela ne sera pas facile de dévoiler ce lourd secret, mais mon expérience lui fera peut-être changer d'avis. Bien entendu, je n'ai pas l'intention de lui parler de Xavier. Je voudrais seulement qu'elle garde son bébé, même si elle doit l'élever seule.

Elle a dû prendre sa décision d'interrompre sa grossesse de façon impulsive, sous l'emprise du chagrin provoqué par cette rupture brutale.

Il est quatorze heures quand je me présente chez elle. Je sais qu'elle ne travaille pas le mardi. Je sonne désespérément à la porte d'entrée de son appartement, mais personne ne répond. Elle est peut-être chez notre mère.

Chez celle-ci, je sonne également. Maman ouvre la porte, étonnée de me voir arriver ainsi, sans prévenir. Elle regarde une série à la télé en buvant son café. Elle ne cache pas sa surprise.

— Virginie ? Bonjour ma chérie. Que se passe-t-il ? Tu vas bien ? Je ne m'attendais pas à te voir aujourd'hui. Il n'y a rien de grave ?

Il ne faut surtout pas inquiéter ma mère ; je suis évasive.

— Bonjour maman. Sois rassurée, tout va bien. Il s'agit d'une petite visite surprise, en toute sympathie. J'ai pris deux jours de repos. Floriane est là ?

— Ah non. Je crois qu'elle a un rendez-vous à quatorze heures pour un examen médical.

Je frémis.

— Où ? Dis-moi vite.

— Je pense que c'est à la polyclinique. Pourquoi ? Elle m'a dit que c'était un examen de routine.

Un sentiment de panique me saisit.

— Merci, maman, à tout à l'heure.

Le temps presse. J'imagine déjà le pire. Le rendez-vous fatal est-il avancé ? Floriane m'a-t-elle donné une fausse date afin de ne pas la dissuader ? Je file à la clinique.

Dans la salle d'attente, je l'aperçois. Elle attend son tour, le visage triste, les yeux cernés et le regard vide.

— Que fais-tu là ? me demande-t-elle, sur un ton neutre et indifférent.

— Je dois te parler. C'est urgent.

— C'est à moi dans quelques minutes. Je dois passer une échographie avant l'intervention de vendredi.

Je suis en partie soulagée, car rien n'est encore fait.

— Je peux t'accompagner ?

— Pourquoi ? Tu crois que ta présence va changer quelque chose ? Rien du tout.

— Je voudrais simplement être avec toi.

— Je préfère être seule.

— Fais-moi plaisir. Je te demande cela en tant que grande sœur, c'est tout. Ce que tu vis est si douloureux que j'aimerais te soutenir.

Elle soupire, agacée.

— C'est bon, comme tu veux, mais je ne vais pas changer d'avis pour ça.

Allongée sur le divan d'examen, Floriane est silencieuse, enfermée dans son mutisme. Le gynécologue sait que cet examen sera suivi d'une interruption volontaire de grossesse chirurgicale par aspiration. Il doit seulement vérifier qu'il ne s'agit pas d'une grossesse extra-utérine et que la patiente se porte bien avant l'intervention de vendredi. Il est peu bavard.

— Pouvons-nous écouter le cœur du fœtus avant l'échographie ? dis-je.

— Bien sûr. Écoutez.

Les battements du cœur du bébé résonnent dans la salle, amplifiés par mes émotions. Je suis bouleversée. Floriane reste de marbre, totalement pétrifiée dans son corps sans âme.

Maintenant le moment de l'échographie est arrivé. Ce moment magique dans la vie d'une femme qui se transforme en torture morale quand elle est suivie de cet acte irréversible.

Je serre très fort la main de ma petite sœur lorsque le médecin applique le gel sur son ventre. Je suis si émue que les larmes coulent sur mon visage.

Soudain, une petite forme mouvante se dessine sur l'écran, sous la sonde du médecin. Floriane observe, sans la moindre réaction. Pour ma part, je serre encore plus fort la main de ma sœur et je retiens mon souffle pour ne pas exprimer la douleur que je ressens à ce moment. Le gynécologue est imperturbable. Comme moi, il doit ressentir ce sentiment terrible de gâchis.

Quand il s'agit d'un viol, d'un inceste ou d'une malformation incontournable, l'avortement est une libération, bien entendu, mais quand c'est juste un malentendu, une absence de dialogue avec deux êtres qui ne savent plus communiquer, la décision de supprimer une petite vie innocente devrait être mûrement réfléchie.

— L'examen ne présente pas de contre-indications, conclut-il.

Floriane ne dit toujours rien. Elle semble figée dans un état second, dans le déni total de tout ce qu'il se passe. Elle subit cette échographie comme si ce n'était pas la sienne. Son ventre ne lui appartient plus et la vie qui se développe en elle non plus.

Je suis terrifiée par son indifférence devant ce petit embryon qui la supplie d'exister, pour grandir en elle, naître et être le plus beau bébé du monde dans ses yeux de mère.

Le médecin jette un regard attendri vers mon visage ravagé par la tristesse. Il exerce sa profession et doit se montrer neutre. Il n'a pas le droit de juger.

Une heure plus tard, sur le parking de la clinique.

— On se retrouve chez maman ? Un café nous fera du bien.

— Si tu veux, acquiesce Floriane.

Je suis désemparée. Je ne reconnais plus ma petite sœur, si volubile, joyeuse et insouciante en temps ordinaire. Dans mon cœur de femme, je devine toute la douleur qu'elle va devoir endurer pendant les prochaines semaines, voire pendant des années après et peut-être durant toute sa vie.

— Je repars demain matin, Floriane. Je dors chez maman ce soir. Accepterais-tu que je vienne ce soir chez toi pour te parler ?

— Me parler de quoi ? soupire-t-elle. Ma décision est prise, tu le sais.

— J'ai tant de choses à te dire.

— Tu voudrais me faire changer d'avis ?

— J'aimerais juste me confier, aborder des éléments très intimes de ma jeunesse. Je dois te faire des aveux et te dire la vérité. C'est crucial.

— Il n'y a pas de vérité ! Tout est clair pour moi. Xavier m'a trahie, il a brisé mes rêves. De plus, je n'ai pas faim et je n'ai pas le moral. Après tout, viens chez moi ce soir, vers vingt heures, si ça te fait plaisir, mais juste pour passer un moment ensemble. Je ne reviendrai pas sur ma décision, c'est clair ?

— OK, à tout à l'heure. Merci Floriane.


Désormais, il y a urgence. La vie d'un être humain dépend de ce qu'il va se produire dans les jours qui suivent. Je file chez ma mère, je m'isole et je décide spontanément de prévenir Xavier, même si ce n'est pas à moi de le faire.

Je téléphone à l'agence. Je tombe sur sa collaboratrice, Anna Casal.

— Agence Perroa, bonjour. Que puis-je faire pour vous ?

— Bonsoir Anna. Puis-je parler à Xavier ?

— Monsieur Perroa n'est pas là. Il est en visite à l'extérieur. Il peut vous rappeler ?

— C'est urgent et c'est privé. Puis-je le joindre sur son portable ?

— Vous avez son numéro ?

— Oui, je l'ai. Je vais tenter ma chance.

— Si vous voulez, mais quand il est en visite, il ne répond jamais.

— Merci Anna.

Je téléphone, je n'obtiens aucune réponse, alors je laisse des messages lui disant l'urgence de la situation. Quelques instants après, j'insiste encore, quand enfin, Xavier me répond.

Je suis soulagée ; j'ai les larmes aux yeux ; ma voix trahit mon émotion.

— Désolée de te déranger en rendez-vous, mais je voudrais que tu viennes au plus vite voir Floriane. Ce qui lui arrive est très grave. Tu te débrouilles comme tu peux, mais tu viens.

— Tu m'inquiètes ! Floriane n'a pas fait de bêtise ?

— Heureusement que non. Cependant, la situation est dramatique. La survie de ton enfant en dépend.

— Pardon ? Quel enfant ?

— Ton enfant, car Floriane est enceinte de deux mois environ. Elle désire se faire avorter étant donné que c'est fini entre vous. Elle a pris sa décision seule et m'apparaît déterminée. Bien sûr, elle ne sait rien pour nous, mais je suis anéantie, car je ne veux pas qu'elle endure ce que j'ai vécu. Hélas, elle ne veut rien entendre. Viens vite ! Tu peux encore intervenir !

Xavier ne répond plus.

— Xavier ? Ça va ?

— Je suis bouleversé. C'est épouvantable. Bien entendu que je ne veux pas qu'elle se fasse avorter, quoi qu'il arrive par la suite.

— Je sais Xavier. Que vas-tu faire ?

— Je fonce, j'arrive. Je serai chez Floriane vers vingt-deux heures. En attendant mon arrivée, parle-lui, explique-lui tout !

— Absolument tout ?

— Nous n'avons plus le choix, car il y a urgence. Explique-lui que je l'ai quittée à cause de notre histoire quand nous étions adolescents. Elle doit savoir maintenant. Même si c'est fini entre nous, il m'est impossible de l'abandonner dans sa situation.

— Je voudrais seulement sauver la vie du bébé de ma petite sœur. Peu importe la suite entre vous deux.

— Tu es médecin, tu es sa sœur et tu as vécu ce drame. Tu sauras trouver les mots justes. Il faut qu'elle garde le bébé. Dans quelques heures, je serai là, tout près d'elle. Si tu savais combien je l'aime…

— Merci Xavier.

Les heures qui suivent sont difficiles, mais Floriane accepte enfin de m'écouter. Allongée sur le canapé du salon, le regard figé vers le plafond, elle ne refuse pas d'entendre mes arguments. Elle est résignée, mais ne me rejette plus.

Je décide alors de lui dire toute la vérité. Je respire profondément, craignant sa réaction.

Je lui parle de ma relation sexuelle avec Xavier, lors de la nuit du Bac, alors que j'étais saoule. Je lui explique cet avortement imposé par ma mère, avec le soutien de son amie Angèle.

J'insiste sur le fait que Xavier n'a jamais rien su de mon état. Je lui parle du cauchemar dans lequel j'ai été entraînée, sans pouvoir me révolter et du froid que cela a causé entre ma mère et moi.

Je reconnais que je suis partie m'installer à Plaisir pour tenter de me reconstruire ailleurs et je termine mes aveux par ce sentiment de culpabilité qui ne m'a jamais quittée.

— Voilà Floriane, tu sais tout. Si Xavier a rompu, c'est à cause de moi, parce que j'ai eu le malheur de le rencontrer par hasard à Plaisir. Quand je l'ai reconnu dans son agence, puis que j'ai appris que vous étiez ensemble, je n'ai pas supporté qu'il devienne mon beau-frère. C'est la raison pour laquelle je lui ai dévoilé ce lourd secret entre nous. Je sais que Xavier t'aime éperdument. Je regrette terriblement ce que j'ai fait, je suis désolée…

Floriane m'écoute, ne réagit pas, enfermée dans un silence angoissant. Je suis désemparée et je ne trouve plus les mots pour la rassurer. Après toutes mes révélations, comme si quelque chose en elle était mort, elle reste indifférente.

— Floriane, s'il te plaît, dis-moi quelque chose !

— Tu l'aimes encore ?

— Mais non ! Je n'avais pas dix-huit ans, j'avais trop bu et c'est moi qui ai séduit Xavier. Je ne l'ai jamais aimé ! Il t'a quittée par respect pour moi et notre famille, parce que je le lui ai demandé.

Il était prêt à t'avouer notre lourd secret pour te garder. Je regrette tant d'avoir remué tout ce passé. Je suis certaine qu'il t'adore. C'est un homme bien.

— Tu crois ?

Puis la sonnerie de l'interphone retentit. Floriane se relève, se dirige vers l'entrée et ouvre la porte. Quand Xavier se présente dans l'entrée de l'appartement, il semble à bout de forces, le visage ravagé par le doute. Que va-t-il se passer ?

La surprise passée, Floriane se dirige vers lui. Leurs regards se croisent, puis leurs mains se rencontrent. Ils se cherchent, hésitent un moment puis se précipitent dans les bras l'un de l'autre et se serrent très fort. Elle éclate en sanglots.

Toutes les tensions morales accumulées depuis si longtemps s'évanouissent comme par magie. Xavier l'embrasse tendrement et lui dit.

— Ne fais pas ça, ma chérie. Garde notre bébé. Je t'aime à la folie.

Floriane se laisse enfin aller. Elle se blottit contre sa poitrine.

— Virginie m'a tout expliqué. Ne t'inquiète pas, je vais le garder notre bébé. J'ai tant besoin de toi et j'ai envie de devenir mère. Si tu savais combien je t'aime !

— Je suis le plus heureux des hommes. Tu es la femme de ma vie…

Émue, j'assiste à la scène, puis je m'éclipse discrètement, afin de ne pas troubler ces instants de bonheur merveilleux.

Si j'ai bien compté, au mois d'octobre prochain, Floriane et Xavier seront les parents comblés d'un petit « bout de chou » qui pointera son nez vers la vie.

*Moi je n'étais rien*

*Et voilà qu'aujourd'hui*
*Je suis le gardien*
*Du sommeil de ses nuits*
*Je l'aime à mourir*

*Vous pouvez détruire*
*Tout ce qu'il vous plaira*
*Elle n'aura qu'à ouvrir*
*L'espace de ses bras*
*Pour tout reconstruire*
*Pour tout reconstruire*
*Je l'aime à mourir*
***Je l'aime à mourir ; Francis Cabrel***

# 25



**Début mai.**

Dimanche matin, dans mon lit tiède et douillet, avec les rayons du soleil qui pénètrent au travers des stores, je me réveille en douceur. Je m'étire, puis je me souviens que je ne travaille pas aujourd'hui, alors je me blottis de nouveau sous la couette. J'essaie de me rendormir…

Mais non ! Ça, c'était avant ! Ce matin, je réalise enfin que tout va bien dans ma vie. Je me sens sereine et j'ai envie de profiter de cette belle journée.

Depuis le temps que je traîne ma déprime, je mérite enfin de me sentir sereine. Les fantômes ont disparu à tout jamais, les douleurs se sont cicatrisées, les dessins noirs de mes pensées se sont effacés. Je peux enfin profiter de la vie.

Ma vie…, mes désirs…, mon avenir…

Alors je me lève d'un bond, je prends une douche rapide, j'enfile un vêtement souple et confortable, puis je me prépare un petit déjeuner complet, afin d'avoir assez d'énergie pour aller faire du sport.

Je ressens une folle envie de courir et de marcher dans le parc du château de Plaisir. C'est un endroit extrêmement harmonieux, surtout en ce printemps où les différentes espèces d'arbres qui bordent l'étang apportent au paysage une beauté infiniment reposante.

Il y a beaucoup d'arbres, dont des poiriers, des pommiers, des néfliers, des amandiers, mais ce sont surtout les cerisiers en fleurs qui me charment, avec leurs couleurs aux nuances de rose magnifiques.

Cela fait déjà deux heures que je cours à mon rythme dans ce joli parc où les rayons du soleil jouent de leurs reflets avec la végétation.

J'avais oublié combien la nature était belle quand on prend le temps de l'admirer. J'avais fermé les yeux sur l'essentiel, le plaisir d'être vivante et en bonne santé. J'avais occulté ma vie de femme, totalement enfermée dans un carcan de souvenirs douloureux.

J'avais tout faux…

Le petit banc qui se présente à moi arrive à point. J'en profite pour faire une pause. Perdue dans les méandres de mes pensées, je reviens sur tous les évènements qui viennent de se produire ces derniers mois. Il est temps désormais de faire un petit bilan de ma vie et de penser à mon avenir de façon positive.

Quand Floriane et moi avons annoncé à notre mère qu'elle serait bientôt mamie, elle a été émue aux larmes. Depuis la disparition de son amie Angèle, elle s'investit encore beaucoup plus qu'auparavant dans les associations caritatives. C'est une femme forte. Ses amis – dont Dieu, bien entendu – l'aident énormément dans sa reconstruction depuis la disparition de notre père.

L'essentiel est qu'elle soit motivée et surtout qu'elle garde cette énergie que la plupart des femmes de son âge lui envient. Cette énergie qui lui donne des ailes pour ne pas se retourner sur le passé. J'admire sa force de caractère et son dynamisme, malgré les rancunes de ma jeunesse.

Assise sur mon banc public, je me pose soudain des questions sur moi-même et surtout sur mes projets. Ces questions surgissent en moi spontanément. Elles sont là, soudaines et non plus dissimulées par des pensées obscures.

Le moment est venu de les affronter, de les analyser et de prendre un peu de recul avant de prendre un nouveau départ.

Floriane et Xavier sont un couple heureux maintenant. C'est mon plus grand plaisir de sentir ma petite sœur comblée à ce point. Bien entendu, elle travaille, avec de nouvelles responsabilités, dans l'agence cherbourgeoise de Xavier. Je crois savoir qu'un mariage est prochainement en vue, mais c'est un secret de polichinelle – dévoilé par ma mère, bien entendu.

Pour ma part, tout est simple et compliqué à la fois dans mon esprit. J'ai l'envie irrésistible de céder mon cabinet médical de Plaisir et de venir m'installer à Cherbourg, près de ma famille. J'aimerais tant voir le bébé de Floriane grandir et profiter de chaque instant d'une nouvelle vie de famille avec les gens que j'aime tant.

Mais est-ce une bonne idée ? À Plaisir, j'ai mes repères, mes patients, ma fidèle amie Amélie et Alex. Je sais très bien que c'est un homme qui revendique sa liberté, qu'il n'est pas prêt pour une vie de couple et qu'il veut profiter de sa liberté, mais les moments délicieux que nous passons ensemble me font du bien.

Même si nous ne faisons aucun projet d'avenir, je l'aime à ma manière. Le fait de ne plus le voir me manquera beaucoup, c'est une évidence.

Ressent-il une simple attirance physique pour moi ou bien des sentiments plus profonds ? Avec quelques années de plus, serait-il capable de se stabiliser et de tirer un trait définitif sur sa vie de célibataire séducteur ?

Je veux désormais une relation sérieuse, sur un long terme, car je ne veux pas d'aventure éphémère qui laisse un goût amer d'inachevé.

D'autre part, une obsession ne me lâche pas et me torture l'esprit. C'est un sujet difficile que j'essaie d'éviter par tous les moyens, mais qui me tourmente inconsciemment.

L'enfant que Floriane va mettre au monde, cela aurait pu être le mien, avec Xavier ? Quand ce bébé va naître, serais-je capable de l'aimer en toute sincérité, comme un simple neveu et non comme celui que je n'ai pas eu ? Cette naissance va-t-elle faire ressurgir mes douleurs du passé ?

Est-il préférable pour mon équilibre que je reste à Plaisir ? Je me suis créé dans cette ville une vie rassurante et équilibrée. Je connais tous les commerçants de mon quartier, j'ai mes amis, j'apprécie mes voisins et mon cabinet médical fonctionne bien maintenant. De plus, je me suis attachée à mes fidèles patients.

Ici, à Plaisir, je suis venue m'y installer pour fuir mon passé douloureux, et surtout pour ne plus être proche de ma mère, parce que je lui en voulais. Maintenant, je ne la condamne plus du tout. Peut-être que si j'avais été à sa place à cette époque, j'aurais pris la même décision qu'elle ?

J'avais seulement dix-sept ans et demi et j'étais une adolescente sans aucune expérience de l'amour, du monde adulte. J'étais une très bonne élève et je voulais absolument faire des études pour devenir médecin. L'avenir me souriait et m'ouvrait grand ses bras. Quand ma mère a appris la terrible nouvelle, celle de ma grossesse, le ciel s'est effondré sur elle. Elle a totalement paniqué. Sa propre éducation judéo-chrétienne, avec l'appui de son amie Angèle, l'a guidée vers cette décision irrémédiable qu'elle pensait être la meilleure pour moi.

Aurais-je été capable de faire des études de médecine si j'étais devenue maman aussi jeune ? Aurais-je été assez forte pour élever mon enfant toute seule ? Ma propre mère m'aurait peut-être définitivement reniée ? Que serais-je devenue ? Peut-être pas le médecin que je suis maintenant.

Le destin a-t-il fait le bon choix pour moi ? Maintenant que tout va bien, que tout le monde autour de moi s'est réconcilié avec la vie, mon désir de retourner vivre dans ma ville adorée de Cherbourg est de plus en plus fort.

Pour toutes ces questions que je me pose en permanence, je n'ai aucune réponse pour le moment…

Assise sur mon banc, je regarde les enfants s'amuser dans les jeux prévus pour eux, j'entends leurs rires joyeux résonner dans leur univers sans soucis, j'observe le regard attendri et protecteur de leurs parents, je pense et je repense au futur bébé de Floriane, j'admire la nature en fleur, je me laisse aller au bien-être de l'instant présent…

Puis soudain, c'est le déclic !

Ma décision est prise, comme ça, sur un coup de tête. Mes doutes s'envolent comme par magie. Je suis déterminée. Plus rien ni personne ne pourront me faire changer d'avis.

Je décide de préparer mon retour vers ma famille adorée, mes racines, mes repères. Je ne veux plus passer à côté des choses essentielles de la vie.

Je vais quitter Plaisir…

L'enfant que je n'ai pas eu avec Xavier, je vais l'aimer au travers de Floriane… Ce sera son enfant, pas le mien, mais je sais déjà que je vais l'adorer…


C'est un nouveau chapitre de ma vie qui s'ouvre devant moi, après plus de quinze ans de tourments, d'interrogations, de doutes et d'idées négatives obsédées par un passé trop lourd de malentendus.

Je veux écrire un nouveau chapitre de ma vie dans lequel je vais mettre des mots emplis d'optimisme et de joie de vivre. Le parcours qui m'attend maintenant, c'est à moi seule de le créer, de le rendre beau, de le magnifier, comme celui du bonheur…

Le bonheur à tout prix…

# 26

*Vous pouvez détruire*
*Tout ce qu'il vous plaira*
*Elle n'a qu'à ouvrir l'espace de ses bras*
*Pour tout reconstruire*
*Pour tout reconstruire*
*Je l'aime à mourir*
***Je l'aime à mourir ; Francis Cabrel***

**Lundi matin, huit heures.**

Avant mes rendez-vous de ce matin, j'ai une folle envie d'appeler mon amie Amélie.

— Bonjour Amélie. Je ne dérange pas ?

— En fait, un peu, dit-elle en riant. J'ai un rendez-vous à neuf heures trente et je suis encore en pyjama.

— J'imagine, c'est très chaud ! Pourtant, j'aimerais te voir assez vite pour te parler de mes décisions.

— Si tu veux, on peut se retrouver ce soir *Au P'tit Plaisir*, vers vingt heures ?

— OK, cela me convient. On se retrouve devant le restaurant.

— C'est parfait, à ce soir.

Nous nous retrouvons comme prévu. La perspective de passer une bonne soirée ensemble, rien qu'entre nous deux, nous enchante. Malgré nos différences, nous nous apprécions beaucoup.

— Un petit apéro pour commencer ?

— Pourquoi pas ? dis-je. Ce soir, j'ai envie de me confier. Je vais avoir besoin de tes conseils avisés.

— Des conseils que tu ne vas pas suivre, je commence à te connaître.

Je souris… Amélie n'est pas ma meilleure amie pour rien.

— Même si je ne suis pas tous tes conseils, ils me sont d'une grande utilité. Ils me permettent de prendre conscience de beaucoup de choses que je ne soupçonnais pas en moi.

— C'est bien, tu progresses. Alors, que s'est-il passé depuis la dernière fois que l'on s'est vues ?

En essayant de résumer au mieux tout ce que j'ai vécu depuis notre dernière rencontre, je lui parle surtout de Floriane, de son futur bébé, de sa réconciliation avec Xavier, de mon bonheur de les voir heureux, de mon pardon pour ma mère, de mon désir de vivre enfin pour moi, de mon attirance pour Alex, mais surtout de mon désir de vivre définitivement près de ma famille.

Amélie ne cache pas sa surprise.

— Tu quitterais Plaisir ?

— J'ai dû faire un choix, qui n'a pas été facile.

— Et maintenant, comment te sens-tu ?

— Libérée, apaisée, heureuse.

— Quels sont tes projets ?

— En fait, le mieux pour moi serait de vendre mon cabinet médical avec la patientèle au plus vite et de trouver un poste de salariée dans un centre de santé de la région de Cherbourg. J'ai beaucoup réfléchi avant de prendre cette décision. J'aimerais ne pas me tromper.

— Je comprends, c'est normal. Mais Alex, dans tout cela ? Qu'en fais-tu dans tes projets ?

— Sincèrement, je ne sais pas du tout. Je l'aime, j'aimerais m'engager dans notre relation, mais je ne peux pas faire de projets d'avenir avec lui. Il ne se sent pas prêt pour une vie de couple. Nous en avons déjà discuté ensemble. Il a cinq ans de moins que moi, il est bien dans sa peau et préfère profiter de la vie. Il ne m'exprime pas vraiment ses sentiments pour moi. Suis-je juste une simple amie ? Envisage-t-il une relation plus sérieuse avec moi plus tard ? J'ai peur de moi et de mes réactions. Je pense que je suis amoureuse de lui. Seulement, je ne veux pas souffrir.

— J'imagine très bien ce que tu ressens. Tu as été élevée dans une éducation stricte avec trop de tabous religieux. Tu n'as pas vraiment confiance en toi. Est-ce que tu lui dis, toi, qu'il t'attire plus qu'un simple ami ?

— Je n'ose pas. Je suis très pudique dans ce domaine. Sa joie de vivre malgré sa profession de médecin-urgentiste m'impressionne. Il a le don de faire de l'humour pour tous les sujets sérieux. C'est un homme que j'admire beaucoup, mais qui me déstabilise.

— Son humour parfois corrosif doit être sa façon personnelle de surmonter les horreurs qu'il affronte. Ce n'est pas pour cela qu'il ne tient pas à toi.

— Peut-être…

— Est-ce qu'il connaît les blessures de ton adolescence ?

— Oh non, pas du tout ! Il me trouve très souvent mélancolique, pessimiste, mais jamais je ne lui ai parlé de mes souffrances du passé. Avec tous les drames qu'il surmonte chaque jour et ma profession de médecin qui représente aussi une certaine force, jamais je ne me permettrais de lui parler de mes blessures enfouies.

— Pas si enfouies que ça, car ces douleurs réapparaissent en permanence dans ton quotidien. Tu devrais te confier, lui parler, même si tu quittes Plaisir. Je comprends très bien ce choix de vivre auprès de ta famille. Je pense même que c'est le meilleur choix pour toi.

— Il y aura un peu plus de distance entre nous deux, mais autant d'amitié, j'espère.

— Bien entendu ; cela me permettra de venir te rendre visite et de connaître un peu plus le Cotentin. Quel bonheur de respirer l'air iodé de la mer !

— J'adore cette région…

— J'avais compris depuis longtemps.

Ce soir, le dîner est léger. Nous avons choisi toutes les deux des brochettes de gambas accompagnées d'une salade verte, avec un verre de vin blanc, puis une coupe de glace à la vanille nappée de caramel. Un véritable délice. Un bon moment comme cela entre amies réconcilie avec la vie.

— Et ton projet d'achat d'appartement à Plaisir ?

— Je laisse tomber. Heureusement que je n'ai rien signé. Je vais essayer de trouver une maison à Cherbourg, tout près de la côte, avec trois chambres au cas où ma famille s'agrandirait. C'est une utopie pour le moment, mais on ne sait jamais. La vie est tellement imprévisible. Xavier va m'aider à trouver le bien de mes rêves.

— Sans indiscrétion, quel est ton ressenti actuellement pour cet homme qui a tout de même été ton premier amour ?

— Non, ce n'était pas mon premier amour. C'était juste ma première expérience sexuelle. J'étais saoule à cause de la vodka orange dont je ne me suis pas méfiée et surtout, très fatiguée par mes révisions pour le Bac. De plus, c'était la toute première fois que je sortais en discothèque. Le drame que j'ai vécu n'a laissé aucune place aux sentiments, seulement un goût amer de gâchis.

— Tu as fait ton deuil ?

— Je pense que oui. J'appréhendais la vie à proximité de Xavier et de ma sœur, mais j'ai vite réalisé qu'ils étaient faits l'un pour l'autre. Il l'adore, encore plus depuis qu'il a appris qu'il va devenir père. Il sera désormais un simple beau-frère pour moi, que j'estimerai comme il se doit, sans aucune ambiguïté.

— C'est bien. Je crois que tu devrais te confier à Alex le plus vite possible, si tu dois quitter Plaisir. Il faut mettre ta pudeur et tes principes de côté pour lui parler à cœur ouvert, comme tu le fais avec moi. Vous êtes devenus amis lors d'une rencontre d'un soir, c'est certain, mais tu sembles très attachée à lui.

— Tu crois ?

— C'est une évidence. Tes yeux s'éclairent quand tu parles de lui. Tu as des sentiments plus qu'amicaux pour lui, selon mon humble avis.

— Ça se voit tant que ça ?

— Bien entendu, je te connais si bien. Ce sont toutes les questions que tu te poses sans arrêt qui t'empêchent de te laisser aller à l'amour et de prendre pleinement conscience de ton attirance pour lui.

— Je suis totalement désarmée dans ce domaine, je le reconnais.

Il est déjà vingt-deux heures trente. Nous sommes fatiguées et nous avons envie de dormir pas trop tardivement ce soir. Nous demandons la note et nous réglons chacune la moitié, comme d'habitude.

Dans la rue, devant notre véhicule, Amélie se permet de me donner un dernier conseil.

— Avant de quitter Plaisir, promets-moi de discuter avec Alex, de t'ouvrir un peu plus à lui.

— Je te promets. Je vais lui parler de mon passé, de mes fragilités, de tout…

— Dis-toi bien que tu n'as rien à perdre comme tu décides de partir. Il ne faut jamais se séparer sur des malentendus.

— Je sais ; je vais lui ouvrir mon cœur avant de quitter la région parisienne. J'espère que nous resterons amis, même à distance.

— Bonne soirée ; bon courage pour ce face-à-face avec Alex.

— Merci ; bonne soirée à toi aussi.

La soirée calme et sereine n'efface pas ma mélancolie, mais je suis en paix avec mon mental. Les décisions que je suis en train de prendre pour ma vie future seront les plus adaptées à mon équilibre, celui qui m'a fait défaut depuis toutes ces années.

Avant d'aller me coucher, j'écoute encore et encore les paroles tout en douceur de mon chanteur préféré dans l'obscurité de ma chambre.

Je m'endors en douceur…

*Elle a gommé les chiffres*
*Des horloges du quartier*
*Elle a fait de ma vie*
*Des cocottes en papier*
*Des éclats de rire*
*Elle a bâti des ponts*
*Entre nous et le ciel*
*Et nous les traversons*
*À chaque fois qu'elle*
*Ne veut pas dormir*
*Ne veut pas dormir*
*Je l'aime à mourir*
***Je l'aime à mourir ; Francis Cabrel***

# 27


*L'amour est l'enfant de la folie, c'est la plus forte de toutes les passions.*
**William de Britaine**

**Samedi soir, vingt heures**

Ce soir, tout est clair dans ma tête. J'ai pris ma décision définitive, celle de quitter Plaisir. Plus aucune personne ne pourra me faire changer d'avis. Mon bonheur est ailleurs, près de ma famille et surtout près du futur bébé de Floriane et Xavier que je voudrais voir grandir. Je le vis comme un bonheur inespéré.

Je n'ai pas la chance d'être mère, mais j'ai le bonheur immense de savoir que ma petite sœur va le devenir. Je sais que je saurai préserver l'intimité du couple, que je serai capable de me faire discrète tout en adorant ma future petite nièce ou mon futur petit-neveu.

Je veux profiter des moments essentiels qui donnent un sens à la vie, surtout l'amour de la famille. Je ressens une paix intérieure maintenant et je suis totalement réconciliée avec mon passé.

Mais le présent n'est pas simple…

Il faut que je parle à Alex, c'est urgent. J'ai beaucoup de choses à lui dire, même si certaines paroles lui feront du mal, je le pressens.

Je ne sais pas s'il m'aime et je n'arrive pas à identifier clairement mes sentiments pour lui. Que faire ? Que lui dire ? Comment va-t-il réagir quand je vais lui annoncer mon départ ?

Il est vingt-deux heures, j'en ai assez de piétiner comme une âme en peine dans mon petit appartement, alors je me décide enfin à l'appeler sur son portable. Sa voix chaude et sensuelle me répond rapidement.

— Bonsoir Virginie. Tu vas bien ?

J'hésite.

— Ça va moyen.

— Pourquoi ? Tu as des problèmes ?

— Des problèmes…, si l'on veut. Ma vie est compliquée en ce moment.

— C'est peut-être toi qui la compliques. À chaque problème, il existe une solution.

En théorie, il a raison, mais je ne la trouve pas, cette solution…

— J'aimerais tant avoir ta vision positive de la vie !

— C'est simple. Tu vis avec moi et tu te laisses contaminer par mon optimisme !

— Si c'était aussi facile. En fait, je dois te parler sérieusement.

— J'avais compris. J'ai le sentiment que tu vas m'annoncer de mauvaises nouvelles.

— Nous pouvons nous voir quand ?

— Dans vingt minutes, si tu le veux bien. J'apporte une bouteille de vin blanc pétillant, ça va te détendre.

— Ça me convient ; à tout de suite.

Quand Alex sonne à la porte d'entrée puis pénètre chez moi, je suis émue. Une rose rouge dans une main, la bouteille de vin dans l'autre, il est touchant. C'est un véritable prince charmant ce soir. Cela me rend encore plus nerveuse. Il pose la bouteille et la rose sur la table du salon puis me prend dans ses bras.

L'émotion me gagne. Alex me serre un peu plus fort. Je me laisse aller contre lui.

— Je suis désemparée ce soir.

— Ne le sois pas. Il est temps de tout me dire. Je suis prêt à tout entendre.

— Ce n'est pas facile. Je n'aime pas trop parler de moi, tu le sais bien. Cependant, c'est indispensable maintenant.

Nous nous dirigeons vers le divan. Alex se blottit contre moi. La chaleur de son corps contre le mien me trouble énormément, mais je dois cacher mon émotion.

— Parle-moi enfin de toi, de tes blessures du passé, que je soupçonne depuis longtemps et qui t'empêchent de vivre heureuse. Il est temps de te confier.

— Oui, tu as raison.

Je déverse alors mes mots, à toute vitesse, comme si le temps me manquait. Je lui parle de tout, absolument de tout. Je lui explique comment ma vie a basculé dans l'incompréhension, puis la culpabilité et enfin la terrible mélancolie depuis mon avortement.

Je lui révèle enfin ma décision de vouloir repartir à Cherbourg, pour me rapprocher de ma famille et surtout pour ouvrir un nouveau chapitre de ma vie, avec de nouveaux repères.

Alex m'écoute, silencieux, le visage grave, le regard tourné vers le téléviseur éteint, comme si son don de répartie s'était anéanti d'un coup. Son humour vient de s'éteindre net. Ses silences sont pesants d'incertitudes qui alimentent mes angoisses. Je m'inquiète.

— Ça va ?

— Pas trop, non.

— Je t'ai contrarié ?

— C'est brutal ce que tu viens de me dire. Je comprends bien que tu as enduré une terrible épreuve dans ta jeunesse, mais tu n'es pas la seule. La vie n'est pas un conte de fées, hélas ! Et moi, dans tout ça ? Qu'est-ce que je deviens ?

— Tu n'avais pas compris que j'étais en souffrance ici ? Quand j'ai pris la décision de m'installer à Plaisir, c'était pour fuir ma mère, et tenter de me reconstruire, dans un endroit où je ne connaissais personne.

— Je suis médecin-urgentiste et non pas médium. Je pensais que je comptais un peu plus pour toi. Je suis terriblement déçu.

Déstabilisée, je cherche mes mots.

— On pourra se voir de temps en temps. Cherbourg, ce n'est pas le bout du monde.

— J'espérais plus avec toi. Ce soir, j'étais venu te dire à quel point tu me plaisais. Comme quoi, il est plus facile de communiquer avec des malades qu'avec des êtres « a priori » sains de corps et d'esprit.

Je suis troublée.

— Tu ne t'es jamais ouvert autant que ce soir… Je ne pensais pas compter pour toi à ce point.

— C'est comme cela que je fonctionne, avec de l'humour et de l'autodérision. Ton côté un peu mystérieux, ta personnalité affirmée et ton charisme m'ont séduit très rapidement. Tu es le style de femme qu'on ne laisse pas s'échapper. Tu me plais énormément et je pensais que tu avais compris. Je me suis trompé.

Que dire, que faire maintenant qu'il est trop tard ?

— Je suis vraiment désolée. L'obsession de mon adolescence brisée a brouillé toutes les cartes. Je suis passée à côté d'une belle histoire avec toi à cause de tous ces malentendus. Tu es tellement désarmant avec ton côté indépendant et sans attaches que ta réaction me surprend !

— C'est ma façon d'être. J'ai beaucoup de mal à exprimer mes sentiments. C'est dommage que notre histoire s'arrête ainsi. Tous mes projets d'avenir avec toi s'anéantissent, guillotinés en quelques paroles.

Je suis sidérée, car des projets avec moi, Alex ne m'en a jamais parlé. Il ne sait pas être sérieux.

Je regrette de ne pas avoir lu dans ses yeux son amour pour moi, à cause de tout ce brouillard devant moi qui me rendait aveugle. Je ne sais plus quoi penser, quoi répondre.

Je suis terriblement gênée.

— Non, c'est un terrible désaccord. Je suis très amoureuse de toi, mais jamais je n'aurais pensé que c'était sérieux entre nous. Tu es jeune, tu es séduisant, tu plais aux femmes. Tu aimes ta profession, je le sais, mais surtout ta liberté.

— Je suis positif parce qu'il faut l'être dans la vie. Sinon, c'est la fin avant que le début commence. Quand tu penses que notre espérance de vie est de quatre-vingts ans en moyenne, il faut meubler les moments creux. Ce n'est pas facile.

— Ton réalisme est terrifiant !

— Nous devons affronter notre destin de façon optimiste ou bien faire comme toi, ressasser en permanence le passé. C'est dommage.

— Je sais, Alex, je suis névrosée. J'espère retrouver un équilibre près de mes proches. Tu peux comprendre ?

— Je ne comprends pas vraiment. Je vais partir maintenant, avant que nous ayons envie de faire l'amour une dernière fois. Il est préférable de se quitter en bons termes.

— Tu as raison. Je suis vraiment désolée. On se donne des nouvelles, ou pas ?

— Avoir de tes nouvelles quand tu seras installée à Cherbourg me ferait plaisir. Tu restes ma plus belle histoire d'amour. N'oublie pas de me prévenir de la naissance du bébé de Floriane.

— Je n'y manquerai pas.

Alex quitte l'appartement sans se retourner vers moi, sans m'embrasser une dernière fois.

J'ai tout gâché.

Je n'aime pas faire du mal, je n'aime pas me faire du mal, je n'aime pas aller mal, mais c'est ainsi, je vais mal…

Et si je croyais enfin en Dieu, pour aller mieux ?

### Quelques semaines après

J'ai appris par le notaire que mon cabinet était cédé à un jeune couple de médecins, avec ma patientèle. Dans quelques mois, je serai de nouveau normande, tout près de ma famille.

Je viens de trouver un poste, en tant que médecin salarié, dans un grand centre de santé qui vient de voir le jour à Cherbourg, dès que j'aurai terminé les démarches administratives avec les nouveaux acquéreurs de mon cabinet médical.

Xavier m'a déniché une jolie maison – un vrai coup de cœur –, que j'ai décidé d'acheter. Elle est située à cinq kilomètres de mon futur lieu de travail, tout près de la côte, avec la mer à perte de vue. Ma demeure – mon sweet home – comporte trois chambres, un immense salon avec une cuisine ouverte, un petit jardin arboré à l'abri des regards – comme je le souhaitais, car je ne veux pas passer mon temps libre à jardiner –, une grande chambre parentale avec sa salle de bain, munie d'une baignoire et d'une douche. Il n'y a pas de travaux de rénovation à réaliser, je n'ai plus qu'à poser mes valises.

Les jours passent et je me persuade que tout va bien. Pourtant, tout ne va pas aussi bien que ça...

J'ai perdu Alex, je n'ai pas su gérer les non-dits de notre relation, je n'ai pas réussi à mettre mes ressentiments dans un coin de mon âme pour vivre pleinement la joie de vivre avec lui.

Il va me manquer terriblement, beaucoup plus que je ne l'imaginais.

Mais il est trop tard…

Alors j'écoute de la musique douce pour atténuer ma tristesse…

*Elle n'en sort plus te ta mémoire*
*Elle danse derrière les brouillards*
*Et moi j'ai vécu la même histoire*
*Depuis je compte les jours*

*Depuis je compte les jours*
*Depuis je compte les jours*
***C'est écrit ; Francis Cabrel***

# 28

*Qu'est-ce qu'on vous apprend*
*dans les livres*
*S'il y manque l'essentiel ?*
*S'il y manque l'essentiel ?*
*J'aime mieux ce monde polychrome*
*Où vous, vous êtes et nous, nous sommes*
*Des hommes pareils*
***Des hommes pareils ; Francis Cabrel***


**Un mois plus tard.**

Vendredi soir, dix-huit heures.

Ma journée de consultations prend fin. J'ai travaillé comme un robot aujourd'hui, à ne penser qu'à mes patients.

Ce soir, mon moral est au plus bas, car évidemment, je n'ai plus aucune nouvelle d'Alex. Tout ce que je lui ai dit était terriblement égoïste. Pourtant, je prends conscience qu'il me manque. Je réalise que je suis passée à côté d'une belle histoire d'amour à cause de ce fichu passé qui me rattrape sans arrêt.

Je vais devoir trouver de nouveaux repères dans une autre région et m'adapter à ce nouveau travail. Cela me tracasse terriblement, même si je sais que dans quelques semaines, je me féliciterai d'avoir pris cette décision et de vivre auprès des miens.

Il est vrai que je n'aime pas le changement et que les habitudes me rassurent, mais je dois assumer mes choix, car mes engagements sont signés. Je ne peux plus faire marche arrière.

Avant de fermer le cabinet médical et de retrouver mon amie, la solitude, je vérifie qu'il n'y a plus personne dans la salle d'attente.

Ma surprise est immense lorsque je découvre Alex dans la salle, sagement assis, un magazine entre les mains, le visage grave.

— Bonsoir docteur Valmi. Il n'est pas trop tard pour me recevoir ? Il s'agit d'une urgence. C'est une question de vie ou de mort.

Je souris intérieurement devant cet homme plein de surprises. Je reconnais que de le revoir fait battre mon cœur à toute vitesse.

— J'espère que tu viens pour un véritable problème, car j'aimerais me reposer. Je suis très fatiguée ce soir.

— Docteur, je vous assure que c'est un cas d'une extrême gravité et que vous seule pouvez soigner. Bien que je sois médecin moi-même, je ne peux rien pour mon cas désespéré. Je pense être atteint d'une maladie terrible, foudroyante, dévastatrice et qui me fait souffrir en permanence. Je crois que c'est « La maladie d'amour », comme le chante Michel Sardou.

J'ai compris. Malgré son humour, je le fais entrer dans mon bureau.

— Entre, explique-moi tout.

— Je pense que la solution pour me guérir est entre tes mains, si tu me laisses une chance de tout t'expliquer.

Je suis nerveuse, sur le qui-vive.

— Je ne mange plus, je dors mal, je suis obsédé par une certaine Virginie qui hante mes jours et mes nuits. Je respire mal, j'étouffe, je suis malheureux. Je suis amoureux fou d'une femme qui ne veut plus de moi. C'est terrible. Que dois-je faire ?

J'ai compris, c'est une déclaration. Alex m'aime sincèrement et ne veut pas me voir partir en Normandie.

— J'espère que tu es sérieux. Je n'ai pas envie de vivre une histoire sans lendemain.

— Avec moi, ce serait des lendemains sans fin, du bonheur à chaque instant.

— Comment te faire confiance ? Toi qui ne vis que de rencontres féminines éphémères ?

— C'était ainsi avant, afin de surmonter mon quotidien difficile. Je portais un masque, je ne voulais pas m'attacher pour ne pas souffrir. Devant toi, je suis enfin moi-même, totalement nu, sans aucune défense. Je ne supporte pas l'idée de te voir partir et je refuse d'abandonner mes espoirs de bonheur auprès de toi. La perspective de poursuivre ma vie sans ta présence chaque jour est intolérable. Avez-vous un traitement efficace à me prescrire, docteur ?

Dans ce cas précis, dans ces situations aussi compliquées, le terme « docteur » n'est plus d'actualité. Nous ne sommes plus que deux êtres humains sans arguments, totalement désarmés.

— Tu te souviens ? Mon premier métier était mécanicien chez Peugeot, lors de notre toute première rencontre.

— Bien sûr que je me souviens. Et moi, j'étais caissière à Auchan. Nous avions envie de changer d'identité l'instant d'un soir, pour oublier la réalité du quotidien. C'était assez amusant, car nous ne pensions pas nous revoir.

— Et si je te disais que je viens de signer un CDI dans une grande entreprise Peugeot de ta région, qu'en dirais-tu ?

Je suis perplexe. C'est certainement encore une blague de sa part.

— Je dirais que tu es fou. Tu es médecin, pas mécanicien.

— Je suis fou de toi !

— Tu n'es pas sérieux ?

— Si, je suis sérieux, plus que jamais.

J'essaie de garder le même ton détaché, celui de l'humour, mais au plus profond de moi, je suis émue.

Je réagis en essayant tant bien que mal de cacher mon trouble.

— Tu pourras t'occuper de ma voiture ? Je ne suis pas douée en mécanique automobile.

— À condition que je prenne aussi soin de la propriétaire du véhicule.

Mon cœur bat la chamade.

— Dans ce cas, je ne dis pas non.

— Viens dans mes bras…

Les tensions entre nous retombent enfin. L'évidence est là, aussi claire que le ciel est bleu dans un ciel d'été, aussi simple que la vie est belle quand on veut la rendre meilleure, aussi limpide que la rencontre entre deux êtres qui s'aiment.

Le soir venu, dans la tiédeur de mon lit, je me blottis dans ses bras puissants. La force de notre étreinte, de nos retrouvailles, de nos baisers passionnés, nous transporte vers un univers de plaisir et de tendresse.

L'évidence est là, nous sommes faits l'un pour l'autre. Toutes mes réticences, tous mes doutes s'envolent comme par magie.

Il n'y a plus aucun doute, nous sommes fous amoureux et nous voulons passer le reste de notre vie ensemble.

Alex m'explique alors qu'il a pris le risque de démissionner de son poste de médecin à Plaisir sans m'en parler auparavant. Il vient de trouver le même statut de médecin-urgentiste au centre hospitalier de Cherbourg.

— Et si j'avais dit non ?

— Tu serais passée à côté de l'homme de ta vie. Ce serait dommage.

— Rassure-toi, tu es l'homme de ma vie…

J'ai enfin compris. Je sais que l'amour est le maître du monde, celui qui nous fait vivre les plus beaux moments de notre existence. La vie doit s'inscrire au présent et surtout pas au passé. Le bonheur est là, à portée de main, quand notre conscience a la force de ne plus se cacher pour le reconnaître.

— Je t'aime Alex.

— Mon inaccessible Virginie se laisserait-elle enfin aller ?

— Serre-moi fort…

Maintenant, je sais ce qu'est le véritable amour. Il est là, au creux de mes bras, au fond de mon âme, coincé à jamais dans mon cœur.

*Elle a dû faire toutes les guerres*
*Pour être si forte aujourd'hui*
*Elle a dû faire toutes les guerres*
*De la vie, et l'amour aussi*
*Elle vit de son mieux*

*Son rêve d'opaline*
*Elle danse au milieu*
*Des forêts qu'elle dessine*
*Je l'aime à mourir*
**Je l'aime à mourir ; Francis Cabrel**

# Épilogue

*Homme et femme, aucun d'eux ne peut vivre*
*sans l'aide indispensable de l'autre.*
**Gandhi**


**Six ans plus tard. Mardi 5 juillet 2012.**
Aujourd'hui, c'est l'anniversaire de ma sœur qui fête ses trente-deux printemps.

Alex et moi sommes invités chez Floriane et Xavier, le dimanche suivant, pour un repas en famille. Cela me rappelle que c'est l'année où je vais avoir quarante ans, l'âge de raison. Que le temps passe vite !

La vie n'est que du bonheur au quotidien pour leur couple. Ils s'entendent à merveille, que ce soit dans le domaine amoureux ou bien celui du travail.

Tous deux gèrent ensemble l'agence de Cherbourg. Lorsque Xavier se rend à Plaisir pour superviser la bonne marche de son agence, Floriane assure ses responsabilités avec sa fidèle équipe qui n'a pas changé depuis toutes ces années.

Anna Casal, sa collaboratrice de confiance, est devenue l'amie de la famille. Célibataire et sans enfants, elle apprécie venir se ressourcer dans notre région lors de week-ends où elle peut se libérer. Bien sûr, il n'y a pas la chaleur de son Espagne natale, mais il existe la beauté des paysages verdoyants de la Normandie avec l'air iodé et vivifiant de la mer à proximité.

Floriane a donné naissance à une adorable petite fille prénommée Iris, en novembre 2006. La petite aura six ans cette année. Elle ressemble beaucoup à son père, avec son teint métissé et ses cheveux frisés ébène. Elle a hérité d'un regard vert clair, savoureux mélange des yeux bleu azur de son père et des yeux sombres de sa mère.

Bien que très bavarde, curieuse de tout et très active, ce sera toujours le « soleil » de ses parents. L'amour domine dans cette famille unie, malgré le travail intensif que représente la gestion des deux agences.

Tous deux ont acheté une maison ancienne au charme normand, avec de petits travaux de remise à jour à réaliser, car ils veulent apporter leur touche personnelle et originale.

Le jardin est immense, rempli de massifs de fleurs, d'arbres fruitiers et d'un vieux chêne dans lequel Xavier a construit une petite cabane où sa petite princesse aime s'isoler avec ses peluches et ses poupées à qui elle aime confier tous ses secrets.

Pour moi et mon cher Alex, de nombreux évènements heureux se sont produits depuis nos retrouvailles en 2006, avec un amour qui grandit de jour en jour. Mon « chéri » a trouvé dans notre couple la stabilité affective qui lui faisait défaut depuis bien longtemps.

Nous ne nous sommes pas trompés dans ce désir de construire une vie de couple. Chaque jour qui passe me certifie qu'Alex est l'homme de ma vie.

Nous n'avons jamais regretté notre choix d'avoir quitté la région parisienne. Alex se plaît beaucoup en Normandie. Très sportif, il adore les plaisirs du surf et de la voile, même quand la météo se déchaîne. C'est sa façon d'évacuer le stress de sa profession de médecin-urgentiste.

Quand les rayons du soleil illuminent la mer de reflets mordorés ou bien que la tempête provoque parfois des vagues de plusieurs mètres de hauteur, c'est un univers hors du commun qui nous ressource pleinement. La vie parisienne est loin derrière nous et ne nous manque pas du tout.

Pour ma part, j'ai la chance de travailler dans un centre de santé avec l'avantage d'avoir des horaires fixes. Quand mon « homme » rentre à la maison, épuisé par ses gardes de nuit, il sait que sa « petite femme » s'occupera de lui. Nous apprécions cette vie bien organisée et équilibrée qui nous rapproche davantage, jour après jour.

Quand j'ai fêté mes trente-cinq ans, en octobre 2007, j'ai ressenti l'immense désir de devenir mère. Cela m'est apparu soudain comme une évidence. Alex rêvait également d'avoir un enfant, mais n'abordait pas trop le sujet pour ne pas réveiller les démons de mon adolescence.

Le quatorze février 2009, le jour de la Saint-Valentin, j'ai donné naissance à un adorable petit garçon. Le bonheur immense que j'ai vécu ne peut pas s'exprimer par des mots, sinon par les larmes d'émotion dans mes yeux et ceux du papa.

Le choix du prénom était évident en ce jour des amoureux, car notre fils se prénomme Valentin.

Nous sommes des parents comblés avec notre petit trésor de trois ans qui est devenu notre priorité. Jamais je n'aurais imaginé six ans plus tôt que mon célibataire séducteur devienne ce super « papa poule » attentionné et câlin !

Nous avons acheté une maison en bord de la mer, grâce à l'aide et au talent de Xavier pour dénicher des pépites avant qu'elles ne soient sur le marché. C'est un ancien corps de ferme refait à neuf et modernisé par les anciens propriétaires. Il se situe à cinq kilomètres de la ville, dans un lieu un peu isolé que nous adorons.

Alex apprécie le charme du Cotentin, avec ses paysages sauvages entre campagne et mer, sa palette de couleurs chatoyantes et la richesse de sa faune et sa flore. C'est un grand sportif qui aime courir par tous les temps et qui n'hésite pas à plonger dans l'eau de mer, même quand celle-ci avoisine les quinze degrés.

Quand les rayons du soleil illuminent la mer de reflets mordorés ou bien que la tempête provoque parfois des vagues de plusieurs mètres de hauteur, c'est un univers hors du commun qui nous apaise pleinement.


Il est déjà onze heures. Je termine mon maquillage devant le miroir de la salle de bain avant de partir déjeuner chez Floriane et Xavier afin de fêter l'anniversaire de ma sœur.

Lorsque nous arrivons chez eux, un peu en retard comme d'habitude, Valentin se précipite vers sa cousine Iris qui le conduit d'un pas ferme vers les nouvelles balançoires installées dans le grand jardin.

Notre mère Louise est déjà présente. À soixante-dix ans, elle demeure en pleine forme, toujours passionnée par ses œuvres caritatives à la paroisse. Cela occupe toutes ses journées et la rend heureuse. Floriane et moi sommes rassurées de la voir aussi investie malgré la mort de notre père.

Il serait tellement radieux à nous voir tous réunis aujourd'hui en ce repas dominical !

Treize heures trente. La grande table du repas est dressée dans le jardin, sous la tonnelle, à l'abri des rayons du soleil.

— À table, les enfants, s'exclame Xavier.

— OK papa. On va se laver les mains et on arrive !

— Parfait Iris.

— Quelle belle éducation ? dis-je.

— J'espère, car c'est notre priorité malgré notre travail très prenant. Nous avons la chance d'avoir trouvé une nounou adorable.

— De notre côté, nous avons choisi pour Valentin une école maternelle tout près de chez nous et je m'organise pour venir le chercher après mon travail. J'ai adapté mes horaires pour lui. De plus, j'ai la chance de ne pas travailler le mercredi. Je peux profiter de mon petit « bout de chou » toute la journée.

— C'est bon pour son équilibre, ajoute Floriane.

Le repas est absolument délicieux, raffiné et savoureux. Floriane et Xavier – surtout Xavier, très doué en cuisine, grâce aux recettes familiales guadeloupéennes – ont préparé avec amour des mets savoureux, à base de poisson et de légumes de saison.

Quand le gâteau d'anniversaire recouvert de trente-cinq bougies se présente, Floriane les souffle d'un coup, sous nos applaudissements et avec les photos indispensables pour imprimer à jamais ces beaux souvenirs dans nos mémoires. Le champagne est le bienvenu en cette journée ensoleillée. Ce repas est un moment convivial, détendu et serein, qui nous réconcilie avec la vie.

Au moment de la pause café, Floriane se lève de sa chaise et prend la parole.

— Nous avons une grande nouvelle à vous annoncer, déclare-t-elle.

— En fait, il s'agit de deux très grandes nouvelles, précise Xavier.

— Oui, tu as raison, réplique-t-elle. Je suis impatiente de vous les annoncer, je suis émue.

— Lance-toi, ma petite chérie ! Regarde ta maman, elle est impatiente !

Les regards sont fébriles, suspendus aux lèvres de Floriane. La jeune femme bredouille un peu, puis fait son annonce.

— Voilà, je suis enceinte de trois mois !

La famille se réjouit à l'annonce de cette bonne nouvelle. Tout le monde applaudit.

Les enfants, Iris et Valentin, assistent à cette scène sans trop comprendre ce qu'il se passe. Ils préfèrent se précipiter de nouveau vers leurs jeux préférés dans le jardin. Les affaires des parents, c'est souvent compliqué.

— C'est formidable, mais quelle est donc cette deuxième bonne nouvelle ? dis-je.

— Maman, je crois que tu vas être très contente, ajoute Floriane.

— J'espère, répond-elle.

— Xavier et moi allons nous marier, à l'église, au mois de septembre prochain.

Surprise, elle semble s'inquiéter.

— Vous marier ? En plus dans une église ? Comment est-ce possible ? On ne se marie pas ainsi quand on est enceinte, s'exclame-t-elle.

Je sens le malaise arriver…

— Notre décision est prise, maman. Nous allons nous marier, à la mairie, puis à l'église. Je porterai une magnifique robe blanche, que nous avons déjà choisie et réservée. Nous te donnons la responsabilité des prières, des chants et des discours, si tu le veux bien, évidemment. Pour tout le reste, c'est notre choix.

Pourtant, Louise n'affiche pas un visage heureux.

— Que se passe-t-il, maman ?

— Se marier en robe blanche quand on est enceinte, cela est contraire à mes convictions.

— Qui t'a dit cela ?

— Personne, Floriane. Cela fait partie de mes convictions catholiques. Je ne comprends pas vos choix. Votre fille n'est même pas baptisée.

C'est alors que j'interviens très vite, car je ne veux pas que la discussion s'envenime. Je me retiens pour ne pas m'énerver. J'en ai assez de ces préjugés catholiques. Je dois entrer dans le vif du sujet pour que les réticences de ma mère se calment à tout jamais.

Aujourd'hui, c'est jour de joie et cette fois-ci, ma mère ne va pas tout gâcher ! Le moment est arrivé pour lui exprimer mes rancœurs du passé. Il est temps de mettre les choses au point entre elle et moi.

— Ma chère maman, nous respectons ton Dieu, mais tu dois en retour respecter nos désirs. Floriane aime Xavier et veut devenir sa femme. Peu importe la couleur de sa robe et de son état pour ce futur mariage. Ce sont des détails sans importance. L'essentiel dans ces circonstances est l'amour et la tolérance. De même, le baptême est un choix qui doit être fait par les parents et non pas par toi.

Ma mère reste silencieuse, le visage fermé. Elle est visiblement contrariée.

— Je veux profiter de ce moment familial pour te dire que j'ai enfin enterré les erreurs et les fantômes de mon adolescence. Je ne veux plus vivre dans l'hypocrisie. Je respecte tes croyances, mais je t'en prie, respecte les choix de vie de tes filles et de tes gendres. Il est grand temps de changer tes points de vue. Ne t'inquiète pas pour papa, car je suis convaincue qu'il est très heureux de nous voir ainsi, du haut de son paradis à lui.

— Pourtant, tu n'es pas croyante que je sache !

— Je ne crois pas au même Dieu que le tien, mais le résultat est identique. Je crois dans la force de l'amour inconditionnel et surtout, au pardon. Ce sont ces valeurs morales qui nous donnent l'envie de nous battre et d'être heureux. Alex et moi avons fait le choix de vivre en union libre toute notre vie. Nous n'allons pas baptiser Valentin. Cela ne nous interdit pas le bonheur de nous aimer, tu ne crois pas ?

Son visage reste grave. Elle marque une longue pause, soupire puis se laisse aller à ces mots de tolérance, enfin !

— Je dois reconnaître que de vous voir si épanouis aujourd'hui, avec toutes ces bonnes nouvelles, m'oblige à me remettre en question.

Elle lève les yeux vers le ciel – implorant son Dieu, s'il n'est pas trop offensé –, croise ses mains, puis se laisse aller à ces mots remplis d'émotion.

— Serrez-moi fort, Virginie et Floriane. Je crois que j'ai enfin tout compris…

C'est un moment magique que Xavier ne veut pas éterniser pour que les émotions ne l'emportent pas. Il intervient rapidement.

— Alors, nous le buvons, ce champagne ? propose-t-il afin de faire diversion.

— Bien sûr ! Avec modération pour moi, ajoute Floriane en souriant. Juste un fond de verre pour trinquer.

— Je vous aime tant, mes chers enfants. Je suis la plus heureuse des mamans et des mamies. Merci, Virginie, de m'avoir ouvert les yeux. Je vous promets de ne plus vous ennuyer avec mes convictions religieuses.

La famille est intriguée, mais soulagée.

— C'est bien, Louise, de réagir ainsi. La tolérance est pour ma part la plus belle qualité de l'être humain, ajoute Xavier.

— C'est évident, renchérit Alex.

— Ma petite maman chérie, je t'adore, conclut Floriane.

Alors je me dirige vers ma mère, l'enserre dans mes bras et lui chuchote à l'oreille « je t'aime très fort ». Ces mots-là vont anéantir toutes les douleurs passées. L'amour restera à tout jamais le moteur de notre vie.

Je pense que de tout là-haut, Dieu observe la scène puis soupire de satisfaction. Je crois même qu'il doit lever sa coupe de champagne à la santé de notre belle famille !

Et si Dieu était quelqu'un de bien ? En fait, je pense que oui.

*Cette route ne mène nulle part*
*Alors viens faire toi-même*

*le mélange des couleurs*
*Sur les murs de la cabane du pêcheur*
*On va comparer nos malheurs*
*Là, dans la cabane du pêcheur*
*Partager un peu de chaleur*
*Là, dans la cabane du pêcheur*
*Moi, j'attends que le monde soit meilleur*
*Là, dans la cabane du pêcheur*
***La cabane du pêcheur ; Francis Cabrel***

# Table des matières

Dépôt légal : mars  2022